翦伯贊 著

翦伯贊

說史

中華書局

1948 年，翦伯贊在香港九龍寓所寫作

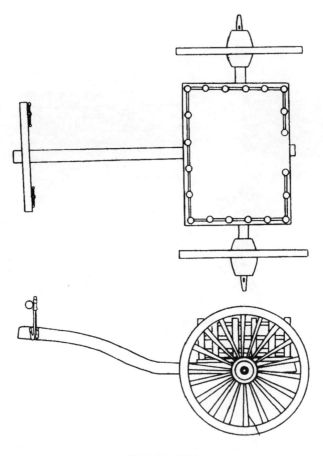

殷墟車復原圖

繅絲（漢代畫像磚拓片）

［晉］顧愷之《女史箴圖》中的梳妝圖摹本

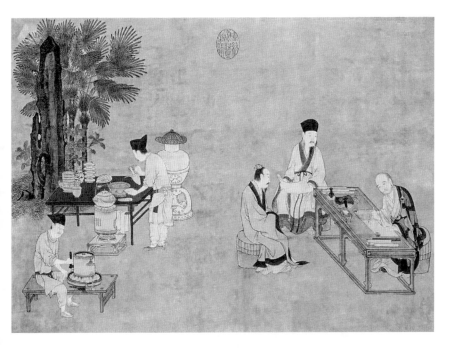

[宋] 劉松年《攆茶圖》，該圖展示了桌椅家具已普及至人們日常生活中

［明］沈度《榜葛剌進麒麟圖》，該圖反映了明初番邦進貢的情況

目　錄

略論中國史研究

一部二十四史從哪裏讀起

「一部二十四史，從哪裏讀起？」這是中國歷史研究者發出來的一聲浩歎。這種浩歎，正是表現中國歷史研究者，對於龐大的中國歷史資料，沒有方法來處理了。

誠然，中國留下來的歷史典籍，的確是非常豐富，一部二十四史還不過是九牛之一毛。所謂二十四史，只是歷代增湊起來的一部官史（唐只有三史，宋增至十七史，明增至二十一史，清增至二十四史），此外在史部之中還有汗牛充棟的私人著作，並未收入。若廣義的說，則六經皆史，諸子皆史，乃至歷代以來私人的文集、詩集、畫集，政府的文告，官吏的奏議，地方的志書等，無一非史。再廣義些說，一切歷史的遺留，現存者與再發現者，亦無一非史。因而中國的歷史資料，真可以說浩如煙海。當作「歷史」，這些典籍，的確是太多；但當作「歷史

資料」，則這些典籍，我們還覺太少。因此，問題還是不在於歷史典籍太多，而是在於沒有很好的研究方法。懂得了研究的方法，則一切的歷史資料，都變成了工程師手中的磚瓦，不懂得歷史方法，則結果便會被材料包圍而不得脫身。

所謂歷史方法，就是從千頭萬緒的歷史事實中，找出那一種貫通於他們之中的原理原則，使一切歷史的事實，都在這種協理原則之前得到正確的說明。這種原理原則不是用人類主觀的思維可以想得出來的，而是從無數具體的歷史事實中抽象出來的。因此要找出歷史發展的原理原則，還是要記得「歷史事實」。多記「歷史事實」，是研究「歷史方法」之基本前提。研究歷史的方法就是從歷史事實中發見歷史發展的原理原則，再用這種原理原則去說明歷史的事實。換言之，即從這千頭萬緒的歷史事實中，找出他們的相互關聯，找出他們的運動法則，找出他們發展的傾向。這樣，任何交錯複雜的歷史事實，在我們面前，便再不是混亂一團，而是一定的歷史發展階段上所表現出來的應有的現象。這樣，我們也就不僅可以知道歷史上的任何事實「怎麼樣」發生發展，而且也可以知道他「為什麼」要發生和發展。

中國過去的歷史家，也有他們的歷史方法。如他們或以事繫年而創為「編年史」，或以事繫人而創為「紀傳史」，或即

事名篇而創為「紀事本末」。但是編年史，則一事前後隔越；
紀傳史，則一事彼此錯陳；紀事本末體對於歷史事實雖類聚而
條分，原始而要終，但是它並沒有對於事與事之間給以聯繫之
總結果，只是一些孤立的事實。因之中國過去的歷史方法，可
以說只是一種簡單的邏輯。用這種簡單的邏輯整理中國史，當
然是不夠的。

　實驗主義堰倡為點點滴滴研究中國史之議，實際上，這是
乾嘉學派的舊方法，並不是實驗主義的新方法。所謂點點滴滴，
不過是對於史料之疏通辨證，訓釋輯補而已，但對於這樣的工
作，清代的歷史家，已經留下極大的成績。我們不是說，這種瑣
碎的研究工作，對於研究中國史不是必要的，反之，我們覺得這
正是研究歷史的一個前提工作。但是如果沒有正確的方法，就
是點點滴滴的歷史研究，也是不能得到正確的結論的。

看看中國以外的世界

　中國的歷史家，過去以至現在，都把中國史當作一種遺世
而獨立的歷史。換言之，即把中國史從其與世界史之關聯中，
截然地割分出來；使之成為一個與世絕緣的獨立的歷史單位。
　但是我以為當作一個獨立的歷史單位，中國史固然有其自己

之獨特的運動和發展；當作世界史中的有機之一環，則中國史與世界史之間，又決不能劃出一條絕對的界線。在現實的歷史發展中，地理的疆域，決不能範圍歷史的沖決；因而中國史的變動，往往影響世界史的發展。反之，世界史發展之總的傾向，也必然制約着中國史的發展，中國史之於世界史，正猶細胞之於人體，它是一個個體，但它決不能離開人體而自由的發展其生命。所以我們研究中國歷史，必須要顧到它與世界史之間的關聯。

舉例來說，在西漢初，匈奴南侵，與原住今甘肅山谷間之月氏發生衝突，這是中國史上的一個事變；但月氏卻被迫而西徙，渡流沙，逾葱嶺而「西君大夏」，因而從媯河流域（即今之阿姆河）驅逐了希臘人的勢力，使「塞王」不得不南徙罽賓（今喀什米爾一帶）。希臘人南徙罽賓之後，月氏人又躡希臘人之後，奪取罽賓，成為中亞的共主。這樣中國史上的一個事變，但因此而使西羌之一支西徙中亞。同樣的史實，由於兩漢之北擊匈奴，匈奴之一支（即北匈奴）遂開始西徙的行程。當中國漠北無王庭的時候，而在歐洲之多瑙河萊茵河及波河流域卻佈滿了匈奴的族類。當時的匈奴，成為歐洲東北諸種族之嚴重的威脅，因而加速了日耳曼人的南徙，從而促成了西羅馬帝國的滅亡。這樣中國史上的一個事變又影響到日耳曼人及羅馬帝國的歷史。

　　又如阿育王之宣揚佛教，這是印度史上的一個事件，但因此而使佛教文化東播中國，成為南北朝以至隋唐時代中國之支配的精神。到宋代，佛教中的一個宗派（禪宗）與儒家哲學結合，產生了中國的「理學」。這種理學，自宋以迄於明末清初，又成為中國人民之支配的精神。這樣印度史上的一個事件，又影響到中國文化思想的內容之變革。

　　以上，不過略舉數例，但由此亦可看出中國史與世界史的關係，真是牽一髮而全身俱痛。大概說來，中國史與世界史的關係，早在史前時代，恐怕就已經存在，如屬於傳說中夏代之彩陶文化與安諾蘇薩的彩陶文化，也許有着某種直接或間接的影響。以後殷代的文化與巴比倫的文化，周代的文化與希臘文化，也許有着或多或少的關係。更後則秦漢文化與希臘、羅馬文化在中亞之交流，隋唐文化與阿拉伯文化及印度文化在中亞之交流，元代文化與基督教文化在中亞與東歐一帶之交流，明代文化與西歐初期資本主義文化在南太平洋上之交流，更為彰明較著之事實。最後，西歐資本主義的文化，便像水銀瀉地一樣，無孔不入地注入了中國社會的每一個毛孔。這樣看來，中國史決不是一個孤立於世界史之外的東西，它不斷地以其運動給與世界史以影響，而世界史之發展的傾向，也時時給與中國的運動以制限。

因此，我們研究中國史，必須注意中國史與世界史的關聯，以及由此而引起之變動。並且必須考察由於這種變動而產生之經濟生活，政治變局，以至藝術、宗教之新的內容。只有如此我們才能了解中國史中每一個時代在世界史中所處的地位，從而在不同的地位中所展開之不同的活動。

中國史沒有奇跡，也不是西洋史的翻版

中國的歷史也和世界其他民族的歷史一樣，他的發展，決不能逸脫世界史發展的一般法則，但也有其自己的特殊性，──雖然這特殊性在究極上是被制約於歷史發展之一般法則。因此我們研究中國史，應該從它的發展之一般的法則中找出它的特殊性；同時，也應該從它的特殊性中去發現它的發展之一般法則。假如我們把任何一個方面提了出來而加以誇張，那都會失去中國史之本來的面貌而得出一種不正確的結論來。

近來有些歷史家往往強調中國史的特殊性，他們把中國史描繪成為一個神奇的東方之天國的圖畫，在這裏充滿了歷史的奇跡與人類社會的神祕，一切都是特殊，中國史就是一個與眾不同的特殊史，因而世界史發展的一般法則，在中國完全不能應用，從而作出了中國史上不是缺了這個社會便是短了那個社

會之結論。像這樣的看法，當然是神經衰弱的歷史家之感官上的幻覺，與中國歷史之客觀的實在性，並沒有關係。

另外有些歷史家，則強調中國史的一般性，他們不是用一般法則代替現實的中國史，便是用一般法則硬套具有特殊性的中國史，結果，在一般法則之前，中國史變成了一片灰色的東西，他失掉了一切的特殊性，幾乎變成了西洋史的再版。實際上，所謂一般法則，只是在大體上近似地不完全地把變動中的歷史現象反映出來，他並不能攝取現實歷史中之無限豐富的內容。在現實的歷史中，中國史中的許多現象，決不能與西洋史完全沒有差別，因而一般法則便不能一舉而完全正確地把中國歷史發展的特殊性都反映出來。

考古學的報告和歷史資料指示吾人，中國史也履行了世界史發展之一般的過程。許多舊石器文化和新石器文化的發現，證實了中國曾經有過原始公社制的社會之存在。殷墟出土的青銅器文化和許多甲骨文字的紀載，又證實了中國歷史中之殷代已經進入奴隸社會。根據若干可靠的古典文獻及金文的紀載，中國從西周時起已開始轉向封建社會。到秦代，中國的封建社會，雖然轉向專制主義的形式，但在本質上，仍然是封建社會。到清代中葉，在中國封建社會中，已經孕育出資本主義的因素，假如沒有鴉片戰爭，則中國的歷史，早已進入資本主義

社會的階段了。這樣看來，世界史發展的一般法則，也同樣貫穿着中國的歷史。

　　雖然如此，中國史也有其特殊的地方，比如中國殷代的奴隸制，沒有發展到希臘、羅馬那樣典型的形態，中國的封建制，很早就採取專制主義的形式，而這在西歐則直到 15 世紀才轉入專制主義的形式。因此，當我們研究中國史的時候，不應強不同以為同；但同時，也不應因為形式上的不同而遂懷疑歷史發展階段的本質。換言之，我們不應把殷代的奴隸制誇張得像希臘、羅馬的一樣；反之，也不能因為殷代的奴隸主每人平均沒有分配十八個奴隸，而遂謂殷代不是奴隸制。同樣，我們不應把秦代的封建專制主義與西歐 15 世紀的專制主義相提並論；但也不應因為中國封建專制主義之早期出現，而遂謂不符合於公式。總之，我們應該承認中國史發展是遵循着世界史發展之一般法則，但同時，也切不可抹殺中國史自己所獨有的特殊性。

不要看不起小所有者

　　在舊的中國史著述中我們所看到的，只是無數個人的活動。由於無數個人活動之偶然的湊合和相續的遞嬗，便形成了

中國史的運動和它的發展。在舊史家看來，中國史上所有的人民叛亂，就是由於幾個草寇首領發了「殺性」；而所有的太祖高皇帝的起義，都是因為他們動了「不忍人之心」。一切都是個人活動，且一切個人活動都不是根據於其自己的「社會屬性」，而根據於其「情感的衝動」。

在有些新的中國史著述中，我們所看到的，又似乎除了兩個集團之外，再沒有游離的個人，或者不屬於兩個集團之間的社會群。

我以為忽略了個人之社會的屬性，那歷史便變成了一個萬花筒，我們只看見泥亂一團的無數個人之思想的活動、恩怨的報復。反之，把所有的個人都歸納到兩個定型的集團，這又未免把歷史過於簡單化了。在一定的歷史發展階段上的社會，固然都有兩個敵對的集團之對立：如在奴隸社會則有奴隸主與奴隸。在封建社會則有封建主與農民。但在敵對集團之外，也還有一個中間的社會群，如在奴隸社會則有自由民，在封建社會則有小所有者。這些中間的社會群，在兩大敵對集團之間，往往起着緩衝或激發的作用。

在現實的中國史中，小所有者往往在封建統治者與農民間的矛盾尖銳化的時候，倡導改良運動、發揮很大的緩衝作用。不過，可惜他們的改良運動不是得不到統治者的接受，便是遭

受了保守派的打擊而每一次都歸於失敗。他們的失敗，就是在統治者與農民之間，失去了緩衝的調人，結果，跟着而來的，便是農民的直接行動。例如在西漢末，王莽所領導的改良運動失敗以後，便爆發了綠林、赤眉的叛亂；在宋代，王安石所領導的變法運動失敗以後，便爆發了宋江、方臘的叛亂；在清代，康有為、梁啟超等所領導的改良運動失敗以後，便爆發了辛亥革命。這樣看來，小所有者的改良運動或政治抗爭的失敗，幾乎就是農民叛亂的信號。小所有者的社會屬性，並不屬於兩大敵對集團的任何一面，然而他們卻能履行自己的歷史任務。因此，當我們研究中國史的時候，我們便不應忽略這一個中間社會群對歷史所起的作用。

研究歷史，也和研究其他的科學一樣，研究愈精細，則結論愈正確。我們不應以分析兩個敵對集團之關係為滿足，我們必須要進而研究這兩個敵對集團之內部的分化與變動。因為人類之社會關係，並不是一種死的不變的定型，而是經常在變動中發展，在發展中變動。例如奴隸社會中的自由民，本來與貴族同為一體，但在奴隸社會崩潰時他們卻站在奴隸方面。我們如果不過細地考察這些人類集團內部的變動，則我們也就不能理解中國史中之社會關係的變化。

也要注意宗藩、外戚與宦官的活動

在中國史上，幾乎每一個王朝，都有宗藩、外戚（有時也有后妃、女主）、宦官等的內亂，這些現象之發生，決不是偶然的，這正是封建統治者集團中內部矛盾外化的表現形式。因為當作一個集團看，他們的利害是統一的，但是一個集團中，卻包含着許多小的階層，在這些小的階層與階層之間，仍然有其相互之間的矛盾。這些矛盾發展到一定的限度也要決裂的。

在中國封建社會的歷史中，統治者集團內部的矛盾，經常表現為相繼出現的一系列的形式。

首先出現的便是宗藩之亂。如在秦則胡亥殺兄而二世自為；在漢則七國同叛；在晉則八王互屠；在唐則李世民弒其兄；在元則海山殺阿難答；在明則燕王朱棣逐建文帝；在清則有三藩之亂。這些事實正是表現當新的統治者削平了農民叛亂以後，於是社會的矛盾便由敵對的方面轉化為統治者集團內部的矛盾。

宗藩之亂，可能發展為不同的前途，它可能轉化為與農民之間的矛盾，也可能轉化為與外族之間的矛盾，這兩種轉化都可能使封建政權陷於覆滅。前者如秦，不旋踵而遂爆發了農民叛亂；後者如晉，不旋踵而招來了外族的侵略。但是假如克服

了這一矛盾，則封建政權可能走上興盛的路途，如漢則有文景之治，唐則有貞觀之治，明則有永樂之治，清則有康乾之治。這些所謂「之治」的歷史內容，就說明封建統治者克服了內部的矛盾，而能致其全力於農民之復員，把農民再編制於土地之上，恢復了封建社會經濟的秩序。

跟着封建社會經濟的繁榮，便是封建統治者的腐化，於是外戚宦官便相繼走上了政治的舞台。因此，外戚宦官的登台，正是封建政權走向沒落的標誌。不過外戚宦官的登台有一個必要的條件，即必須在封建集權主義的政治體制之下，而且必須在這種集權政治開始腐化的條件之下。因為只有在集權政治之下，皇帝的外戚和家奴才能顯出他們的威風；只有在集權政治開始腐化的時候，他們才能利用皇帝對一切臣民不信任的心理，而把自己變成時代的寵兒。歷史的事實證明在三國兩晉五代兩宋，幾乎看不見外戚宦官的蹤影（雖然蜀有宦官黃皓，西晉有外戚楊賈，但都不夠典型）。反之，在西漢，則外戚上官氏、霍氏把持朝政，宦官弘恭石顯橫行宮廷；在東漢，則外戚鄧、竇、閻、梁互起互屠，宦官鄭眾、李潤、江京、孫程、單超等狼狽相嬗；在唐代，則外戚楊氏權傾天下，宦官劉克明、魚弘志、仇士良、田令孜、劉季述等任意弑立；在明代，外戚雖未作惡，而宦官王振、劉瑾、魏忠賢卻掌握國家的大權；直

到清末，還出現了一個有名的宦官李蓮英。但在漢唐明清的全盛時代，雖有外戚宦官，但他們並不成為政治上的要人。

隨着外戚宦官的登台，便到來了如上所述之小所有者的政治抗爭，由此而把封建統治者內部的矛盾重新引渡到與農民間的矛盾，因而又展開新的農民叛亂。在農民叛亂以前，統治者集團內部的矛盾消解了。由此可知從宗藩的混戰、外戚宦官的專政、小所有者的政治抗爭到農民叛亂，這正是封建社會內部矛盾對立的轉化過程。如果我們研究中國史而忽略這些過程，那我們就不能理解中國封建社會歷史之特殊的內容。

在研究「內亂」時不要忘記了「外患」

研究中國史，我們必須注意到一個問題，即內外矛盾之轉化的問題。中國史上，幾乎每一個王朝，都有邊疆民族的侵入。邊疆民族侵入決不是偶然的，而是中國社會內在的矛盾的外化。換言之，即由於中國社會內部的矛盾之發展乃至決裂而引起的內亂，提供邊疆民族侵入以可能實現的客觀條件。例如楚漢相持而匈奴遂坐大於漠北；八王混戰而五胡遂入據中原；五代紛爭而契丹遂席捲燕雲；宋以和戰意見不一而女真、蒙古相繼侵凌，終於顛覆；明以內剿「流寇」，而清兵遂長驅入

關，竟陷滅亡。這樣看來，「內亂」乃是「外患」的前提條件，而「外患」只不過是「內亂」的結果而已。

雖然，邊疆民族的侵入，並不是完全為了主觀地乘人之危，主要的還是為了經濟的動機。歷史的事實指示吾人：中國封建王朝的「外患」大半都在西北，這正是因為西北的自然條件比較惡劣，因而散佈於西北的諸族，必須仰給於與中原地區之交換而取得其生活資料。但中原王朝發生「內亂」，由於戰爭的阻隔與政治的封鎖，正常的交換關係因之斷絕。為了獲得生活資料，於是不能不採取直接的掠奪手段。同時，中原王朝在「內亂」中削弱了抵抗邊疆民族的力量，因而又使邊疆民族的侵入成為可能。

「內亂」不僅提供邊疆民族以客觀條件，而且在「內亂」中，中國的封建統治者為了相互火拚或鎮壓「內亂」，往往主動地引進邊疆民族。前者如在三國，則魏引匈奴以抗蜀，蜀引西羌以擊魏。在西晉，則成都王穎引匈奴以抗王室，東嬴公騰引羯人以拒成都王穎。在唐，則李世民以突厥亡隋。在五代，則石敬瑭以燕雲十六州賂契丹。後者如在唐，則僖宗以沙陀剿黃巢。在明，則吳三桂以清兵平「流寇」。這樣「內亂」與「外患」合流了，經濟的掠奪與政治的入侵打成一片了。

邊疆民族侵入，雖然是一種外在的歷史因素，但當其一旦

侵入以後，便與中原地區的歷史發生化學的作用。換言之，外的歷史因素便轉化為內的歷史因素，而作用於中國社會經濟機構之改變。在中國史上，歷來的邊疆民族，當其侵入中原以後，都以其氏族制的歷史原理來改編中國封建制的社會經濟組織。如北魏之「均田制」，遼之「頭下軍州」，金之「謀克」「猛安」，元之「社田制」，清之「旗莊」，都是氏族制與封建制之混合組織，都是因邊疆民族之侵入而引起的中國社會經濟之變革。不過我們不能把不同時代的邊疆民族在中國社會經濟上所引起的變化，視同一律，因為即使各時代的邊疆民族，處於同一歷史水準，但他所加入的中原社會，卻是不同的歷史發展階段上的社會。加入的對象不同，則其所起的變化，也當然不同。

以上是邊疆民族侵入所引起之直接的影響，此外，還有間接的影響，如因五胡侵入而晉室南渡，於是中原的文化遂因此而廣播於江南。因遼、金侵入而宋室南渡，於是長江流域的都市因此而獲得長足的發展。

總而言之，邊疆民族的侵入對中原社會來說，雖然是外在的歷史因素，但這種外在的因素卻作用於中原社會經濟的內在矛盾之轉向，而且在其後來的發展中，這種外在的因素，又轉化為內在的因素。這樣看來，在歷史上社會內在的矛盾可

以轉化為外在的矛盾，而外在的矛盾又可以轉化為內在的歷史因素。必須明白這一點，才能理解中國史上的「內亂」與「外患」。

應該從文化中找反映，但不要被它們迷住

適應社會經濟的發展，意識諸形態也有其一貫發展的過程。意識諸形態可以表現為文學、藝術、哲學、宗教等多樣的形式。但不管它表現為何種形式，它都是社會經濟生活之反映，而且一經形成其體系，它都反轉來作用於當時及以後之社會經濟發展。因此，我們研究中國史，也應該注意考察意識諸形態之發展。

在中國史上，儒家哲學是中國封建社會經濟基礎上反映出來的一種政治哲學，因而它是中國封建社會中的一條思想的主流。但當它一經形成體系，它便不僅是消極地反映中國封建社會的內容，而是積極地作用於中國封建社會之鞏固。兩千年來，儒家哲學都是中國封建政治的指導原理，因而它隨着中國封建政權之消長，而表現其高揚與消沉，最後則隨着中國封建社會經濟之解體而走向沒落。同時，為了適應於中國封建社會之不同的歷史發展階段的要求，儒家哲學也不斷地被賦予以

新的解釋，如在漢則有馬融鄭玄的解釋，在唐則有孔穎達的解釋，在宋則有程顥程頤以至朱熹的解釋，在明則有王陽明的解釋，到清初也還有孫夏峰李二曲等對儒家哲學作了一個結束。隨着國際資本主義的侵入，西歐民主主義的哲學思想便代替儒家哲學而在中國獲得支配的地位。但是因為國際資本主義並沒有完全征服中國的封建主義，所以儒家哲學至今還有其影響作用。

在中國史上，宗教的發展也反映中國封建社會的發展步程。首先出現於中國史上的宗教是帶有原始性的道教。其次，適應於中國封建社會的發展，佛教便出現為中國之支配的宗教。即因中國自發的資本主義被帝國主義絞死於母孕，而走進半殖民地的歷史命運，所以基督教在中國不能成為一尊的宗教，反之，道佛兩教仍然有其託命之社會基礎。

中國的宗教除道教是土生的宗教以外，都是外來的宗教。但只要是宗教，不論他是土生的抑或是外來的，它都盡了麻醉中國人民的歷史任務。因而在原則上所有的宗教都具有反動的性質。但是在另一方面，道教、佛教乃至基督教當它成為人民之信仰以後，又都在中國盡了「革命」的任務。如漢末的黃巾是以道教為旗幟，元末的紅巾是以彌勒白蓮教為旗幟，太平天國是以基督教為旗幟。不過外來的宗教，要成為中國人民革命

的旗幟，有一個必要的條件，即必須中國化以後。如元代的紅巾用以為旗幟的彌勒白蓮教，是中國化了的佛教；太平天國用以為旗幟的天父天兄，是中國化了的基督教。

中國的文學由古典的四言詩，而漢賦、唐詩、宋詞、元曲，以至清代之傳奇，表現其一系列的發展階段，這樣的發展，當然不是文學家天才的創造，而是中國封建社會經濟之發展在文學上的反映，假如西周的四言詩是反映封建莊園經濟之牧歌，則漢賦唐詩便是中國專制封建社會全盛時代之文學的形式。自宋以後，適應於都市經濟的發展與新興的自由商人之要求，文學也脫離了古典的形式而採取了通俗化的體裁。

隨着社會的發展，新的事物不斷地出現，同時人類對新的事物也有不斷之新的認識。為了表現這些新的事物與對新的事物之新的認識，於是新的語彙也一天天的加多，據吾人所知，自漢晉以迄於唐代八百年間，隨着佛教之輸入，新添的語彙多至三萬五千餘，這些語彙或綴華語而別賦新義，如「真如」「眾生」「果報」等；或存梵音而變為熟語，如「般若」「剎那」「由旬」等。這些新的語彙，對於文學之發展，當然是一個有力的基本因素。而這些新的語彙則是現實的歷史發展之結果。

藝術是人類思維之具體的凝固，因而它的發展，也就是現實的社會經濟之摹寫，從而藝術發展的形式，也就要受到現實

的社會經濟的內容的限制。例如中國的雕刻和繪畫，自南北朝以至隋唐，隨着中國封建社會之發展與佛教文化的輸入，它們便一面服務於宮廷，一面服務於宗教。自宋以後隨着都市經濟的發展，它們便從天堂走到人間，從宮廷走到市場。

　　因此，我們研究中國史，必須要把那些從社會經濟基礎上蒸發出來的思維（如哲學、宗教）還原到它們的出發點，把那些由思維而再凝固為形象的東西（文學、繪畫、雕刻等）再蒸發為思維。從這裏找出它們對歷史的反映，找出歷史對它們的制限。但是我們要小心，不要被它們迷住；否則看風箏的人，就會跟着風箏飛上天呵！

　　（原載重慶《學習生活》第十卷第五期，1943 年 5 月 1 日）

「男子出嫁」與「子從母姓」的傳說

依據許多傳說的暗示，中國確曾有過母系氏族社會，而其時代，則在傳說中之「神農黃帝」或更早的伏羲時代，以至「堯舜禹」的時代，亦即中國歷史上之蒙昧末期以至野蠻中期的時代。

第一，男子出嫁的外婚制的傳說之存在。

《國語》云：「黃帝之子二十五宗，其得姓者十四人，為十二姓：姬、酉、祁、己、滕、箴、任、荀、僖、姞、儇、依是也。」[1]

《潛夫論》云：「祝融之孫分為八姓：己、禿、彭、姜、妘、曹、斯、羋。」[2]

---

1 《國語》卷十《晉語四》。《士禮居叢書》影印宋代明道二年本。

2 王符：《潛夫論》卷九《志氏姓》。汪繼培箋本，中華書局，1979年，第1版，第412頁。

《潛夫論》又云：「帝堯之後，有陶唐氏、劉氏、御龍氏、唐杜氏、隰氏、士氏、季氏、司空氏、隨氏、范氏、郇氏、櫟氏、巂氏、冀氏、郇氏、薔氏、擾氏、貍氏、傅氏。」[1]

《潛夫論》又云：「舜之子孫分為十二姓：胡氏、陳袁氏、咸氏、舀氏、慶氏、夏氏、宗氏、來氏、儀氏、司徒氏、司城氏，皆媯姓也。」[2]

《史記·夏本紀》云：「禹為姒姓，其後分封，用國為姓，故有夏后氏、有扈氏、有男氏、斟尋氏、彤城氏、褒氏、費氏、杞氏、繒氏、辛氏、冥氏、斟氏、戈氏。」[3]

以上的傳說，都暗示着同一歷史內容，即黃帝、祝融、堯、舜、禹的兒子，都由本族出嫁外族，故各以所嫁之族而得姓。所謂「分封」，就是「出嫁」，所謂「以國為姓」就是以妻之氏族為姓。至於「黃帝二十五宗，其得姓者十四人，為十二姓」，我以為其未得姓之十一子或係女子，皆留本族故未得姓。而得姓之十四人，僅有十二姓，則係其中有二人同嫁姬姓，另有二人同嫁己姓。

1　王符：《潛夫論》，中華書局，1979 年，第 1 版，第 423 頁。

2　王符：《潛夫論》，中華書局，1979 年，第 1 版，第 427 頁。

3　《史記》卷二《夏本紀》，中華書局，1959 年標點本，第 89 頁。

又《史記‧五帝本紀》云：「堯之子丹朱，舜之子商均，皆有疆土，以奉先祀，服其服，禮樂如之；以客見天子，天子弗臣，示不敢專也。」[1]

這裏並不是「堯子丹朱不肖」和「舜之子商均亦不肖」，所以堯、舜才不以王統傳子，而是堯、舜的兒子，依照母系氏族的婚姻體制，必須出嫁他族。在他們出嫁他族之後，當然享有其所出嫁的氏族之共有土地，所以他們之「皆有疆土」，乃是母系氏族的規律，與舜、禹之「封」與「不封」毫無關係。因為通婚的諸母系氏族，彼此之間都是平等的關係，所以丹朱、商均出嫁於他族以後，對於其母方氏族，也是平等的地位，這就是「以客見天子」與「天子弗臣」的內容，實際上與所謂「敢專」和「不敢專」也毫無關係。

其次，在家從母，出嫁從妻的傳說之存在。

《史記》索隱皇甫謐語云：「堯初生時，其母在三阿之南，寄於伊長儒之家，故從母所居為姓也。」[2]後嫁陶唐氏，故又改姓陶唐。如此，則堯乃初從母姓伊祁氏而後從妻姓陶唐氏。

---

1 《史記》卷一《五帝本紀》，中華書局，1959 年標點本，第 44 頁。

2 龍川龜太郎：《史記會註考證》卷一《五帝本紀》。東方文化學院東京研究所藏版，第 21、22 頁。

《史記》正義云：「瞽叟姓媯，妻曰握登，見大虹，意感而生舜於姚墟，故姓姚。」[1]由此則知瞽叟原為始族之子，嫁於姚族而生舜，故舜在未嫁時，不從父姓媯，而從母姓姚。其後舜嫁有虞氏，又改以妻姓。如此則子亦初從母姓而後從妻姓。

《史記》索隱引《禮緯》云：「禹母修已，吞意苡而生禹，因姓姒氏。而契姓子氏者，亦以其母吞乙子而生。」[2]如此，則禹、契在未嫁時皆從母姓。以後禹嫁夏后氏，契嫁商氏，又各改從妻姓。則禹與契亦先從母姓而後從妻姓。

此外傳說中謂舜與象為兄弟，而舜為有虞氏，象為有庳氏，也是各從妻姓的說明。

《史記‧五帝本紀》云：「自黃帝至舜、禹，皆同姓而異其國號，以章明德。故黃帝為有熊，帝顓頊為高陽，帝嚳為高辛，帝堯為陶唐，帝舜為有虞，帝禹為夏后而別氏，姓姒氏。契為商，姓子氏。棄為周，姓姬氏。」[3]

這裏自黃帝至舜、禹，是否皆同姓，姑且不論，假使他們

1　瀧川龜太郎：《史記會註考證》卷一《五帝本紀》。東方文化學院東京研究所藏版，第44頁。

2　瀧川龜太郎：《史記會註考證》，第64頁。

3　《史記》卷一《五帝本紀》，中華書局，1959年標點，第45頁。

「皆同姓而異其國號」，則所謂「國號」並非「國號」，而為氏族的名稱。同一氏族的男子，嫁到各不同的氏族中，當然要異其氏姓，這與「以章明德」毫無關係。

又如前文所云：「帝禹為夏后而別氏，姓姒氏；契為商，姓子氏；棄為周，姓姬氏」，則禹、契、棄有氏而又有姓。按《左傳》昭公四年釋文有云：「女生曰姓。」[1] 又顧亭林有云：「男子稱氏，女子稱姓，氏一再傳而可變，姓千萬年而不變……是故氏焉者，所以為男別也，姓焉者所以為女防也。」[2] 如此，則所謂氏者，即男子之母姓，而姓者，即男子之妻姓，前者標明男子所自來，而後者則標明男子之所屬，故禹、契、棄有氏又有姓，所以表明其從母從妻。正如今日的女子，從父從夫，故有姓有氏。

（原載重慶《現代婦女》創刊號，1943 年 1 月 1 日）

1　杜預：《春秋經傳集解》昭公四年中註。上海文瑞樓光緒十四年刻本。

2　《顧亭林文集》卷一《原姓》。端溪叢書本。

「堯舜禹的禪讓」與「二頭軍長制」

　　有人曾說，從傳說中的神農、黃帝以至堯、舜、禹時代，明明都是男子執政，何以竟說這一傳說時代是母系氏族社會呢？關於這一點，我們必須加以說明。

　　母系氏族社會之最主要的特徵，第一是氏族共有財產掌握在女子手中，其次是婚姻以女子為中心，最後是氏族評議會掌握在女子的姊妹手中。但為了公共事務的處理，尤其對敵人的防禦，男子可以被選為軍務酋長，這在所羅門諸島的土人中，蘇門答臘的米蘭巴人（Melenckabau）中，還是如此。

　　因為婚姻以母系為中心，男子皆來自外族，這些男子的兒子，也同樣要嫁到外族，所以軍務酋長，不能父子相傳。郭沫若首先指出傳說中的堯、舜，舜、禹為二頭軍務酋長，這對於中國母系氏族之說明，是最有力的一個發現。

　　依據《史記》所記從黃帝至堯、舜、禹的世系，我們可以列出如下的一個表式。

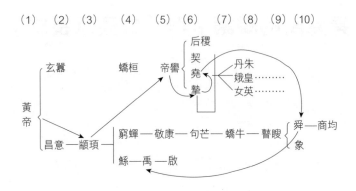

從以上的世系表看，黄帝為始祖，堯與契為黄帝五世孫，舜為九世孫。至其禪代秩序，據《史記》云：

> 黄帝崩，其孫昌意之子高陽立，是為帝顓頊。
>
> 顓頊崩，玄器之孫高辛立，是為帝嚳。
>
> 帝嚳崩，而摯代立，不善崩，而弟放勳立，是為帝堯。
>
> 堯立七十年得舜，二十年而老，命舜攝行天子之政。
>
> 舜子商均亦不肖，舜乃豫薦禹於天，十七年而崩……後禹踐天子位。

這樣看來，則黄帝一傳其孫顓頊，顓頊再傳其「族子」帝

嚳，帝嚳三傳其子摯，摯四傳其弟堯，而堯則五傳其玄孫舜，舜則六傳其高祖禹，如此，則不僅堯、舜禪讓為高祖與玄孫之遞嬗，而舜與娥皇、女英之婚姻，亦為與其曾祖姑之血族婚。

至於舜、禹的禪讓，更為不倫。據《史記》卷一《五帝本紀》：「舜年二十以孝聞；年三十，堯舉之；年五十，攝行天子事；年五十八，堯崩；年六十一，代堯踐帝位；踐帝位三十九年，南巡狩，崩於蒼梧之野。」如此，則舜年為一百歲。同書卷二《夏本紀》又云：「帝舜薦禹於天為嗣，十七年而帝舜崩。」如此，則舜薦禹時，已八十三歲。八十三歲之玄孫，尚及見其高祖禹而倒傳之以位，已是難事。且其時，其高祖禹尚能隨山刊木，奠高山大川，更是難事。尤其當舜死後，禹為之服三年之喪，則是高祖為玄孫服三年之喪，這與舜之與其曾祖姑結婚，同為儒教倫理觀念所不許。由此足證這一個血族世系，完全是假造的。

包含在這一個世系中之真實的歷史素地，乃是母系氏族中二頭軍務酋長的相續系統。他們都是來自不同的氏族，並沒有什麼血統的關係，而只有先後的秩序。所謂「薦於天」，所謂「禪讓」，都是選舉的意思。

從這個世系表中，我們可以看出黃帝與顓頊二頭，顓頊與帝嚳二頭，帝嚳與帝摯二頭，帝摯與帝堯二頭，帝堯與帝舜二

頭，帝舜與帝禹二頭。至帝禹曾與皋陶為二頭。《史記》卷二《夏本紀》云：「帝禹立，而舉皋陶薦之，且授政焉。」因「皋陶卒……而後舉益，任之政十年。」故帝禹又曾與益為二頭。

堯、舜共同執政三十一年，舜、禹共同執政十七年，禹、益共同執政十年，皆有傳說可考。惟堯以前，則不見傳說。但摯與堯之遞嬗，《史記》索隱曾云：「衞宏云，摯立九年，而唐侯德盛，因禪位焉。」《帝王世紀》亦云：「摯在位九年，政教弱，而唐侯德盛，諸侯歸之，摯服其義，乃率群臣造唐而致禪。」由此看來，則摯或係被氏族評議會所罷免，亦未可知。又傳說中嘗有共工與顓頊爭為帝的神話，或許顓頊與共工為二頭，亦未可知。總之，我們所要知道的不是誰與誰為二頭，而只是證明從傳說中之神農、黃帝以至堯、舜、禹的時代，曾有過二頭軍長制之存在，而這正是中國母系氏族社會特徵之一。

中國母系氏族之轉向父系氏族，是從傳說中之「夏啟」始。根據若干考古學的資料和傳說的印證，夏啟時代已經出現了許多的財富（首先是家畜，其次是農業，最後金屬工業），這些新的財富逐漸增長以後，就給母系氏族以強力的衝擊。這一時期，男子漸次成為新的生活資料即畜群之所有者，後來便是新的勞動力即奴隸之所有者。這種財富愈增加，男子在家族中的地位也愈比女子重要，並且利用這種強固的地位，為他的

子女的利益，以推翻傳統的以母系為中心之繼承法則的企圖也發生了。同時，由於對偶婚家族已提供一個新的要素，即生身的母以外，他又立了一個確實的生身的父，因而使得血統的追溯依父系而進行成為可能。這樣母系氏族便被廢除了。

所謂「諸侯去益而朝啟」，並不是因為「禹子啟賢」，也不是因為「益之佐禹日淺，天下未洽」，而是因為禹之氏族啟已經不出嫁外族，亦即當時的社會經濟基礎，已經規劃着父系氏族之出現。

（原載重慶《現代婦女》第 2 期，1943 年 2 月 1 日）

史前的商族——其出發點與分佈區域

　　商族何時才組成古代國家，典籍上並沒有明確的記載，因而我們不能指出其絕對的年代。但我們從甲骨文字中所發現的商代先公先王的世系，再證之考古學的發現及傳說的暗示，可以約略地看出商族歷史發展之全過程，即商族由新石器時代進到青銅器時代的過程，亦即商族由氏族社會進到古代社會的過程。

　　根據傳說所示，商族最初的出發點，是在今日河北平原西北之易水流域。《楚辭·天問》云：「該秉季德，厥父是臧，胡終弊於有扈，牧夫牛羊？」又說：「恆秉季德，焉得夫樸牛？……昏微遵跡，有狄不寧。」《山海經·大荒東經》云：「有困民國，勾姓而食。有人曰王亥，兩手操鳥，方食其頭。王亥託於有易、河伯僕牛。有易殺王亥，取僕牛。」郭璞註引《竹書》云：「殷（商）王子亥賓於有易而淫焉，有易之君綿臣殺而放之。是故殷上甲微假師於河伯，以伐有易。滅之，遂殺

其君綿臣也。」

　　以上傳說中之季、亥、恆與上甲微，都是甲骨文中證實了的商代遠祖的名字。甲骨文中，常有「侑於季」的記載，王國維謂「季亦殷之先公，即『冥』是也。」傳說中謂亥與恆皆秉季德，則亥與恆可能都是季的兒子。故王國維謂亥即《史記‧殷本紀》中之「振」。至於同一王亥，而《山海經》作「亥」，《天問》作「該」，《史記》作「振」；此外《世本》作「賅」，《呂覽》作「冰」，則係傳寫之訛誤。因無論字形如何改變，而其人皆與「有易」及「僕牛」故事有關，故證明其同為一人。王國維《殷卜辭中所見先公先王考》，同樣，同一「有易」，而或作「有狄」，或作「有扈」，則以「狄」「易」二字，古原不分。《白虎通‧禮樂》云：「狄者，易也。」又《史記‧殷本紀》上之「簡狄」，索隱謂「舊本作易」。至於或作「有扈」者，則或係同一地方之不同時代的名稱；否則即為有易附近之另一地名。總之，以上諸傳說都是暗射着同一歷史內容，即商族直至其遠祖王亥時，還有一部分族類遊牧於易水流域一帶。近來，考古學家在易水流域之易州，發現了商代之三種句兵，又確切地證實了這一部分的商族直至青銅時代，還是繼續定住於易水流域一帶。因此，我以為商族之人種來源，與周口店山頂洞的文化創造者，似有若干關係。

　　商族之開始向渤海沿岸移徙，早在舊石器時代之末。這已經從山頂洞文化遺存中的海貝之發現，獲得確證。周口店山頂洞的海貝之出現，是一件富有興趣之事。以今日的情形判斷，此種海貝可能獲得之最近地方，也須在距洞穴東南二百公里以外。古人之獲得此物，若非間接得之於貿易，則須直接取之於漁撈。但不論如何獲得，皆足以說明當時人類活動的範圍，至少已伸展於距洞穴東南二百公里以外之地。以今日的地理而言，實即渤海沿岸一帶。所以一到中國歷史上之野蠻時代，渤海沿岸便佈滿了商族的苗裔。

　　根據近年所發現的渤海沿岸的新石器遺址之分佈的情形看來，商族在渤海沿岸的發展，並非向着同一方向；而是一支沿海而北，一支循海而南。大約到新石器時代中期，其北徙者，即佈滿了遼東半島西南及朝鮮半島西北之渤海沿岸。這一支人在今日遼寧的許多地方，如錦西的沙鍋屯，旅順的老鐵山、郭家屯，大連的東老溝、貔子窩（今皮口）、傅家莊、柳村屯及撫順乃至朝鮮等處，留下了豐富的新石器時代的文化遺存。其南徙者，則滿佈於山東半島之沿海岸乃至腹部。這一支人，在今日山東的許多地方，如黃縣的龍口，章丘的城子崖及日照的兩城鎮等處，也留下了不少的新石器時代的文化遺存。這兩支人，他們隔海相望，在中國的北方，

放出中國歷史的曙光。

　　商族分馳以後，漸漸在渤海南北分化為無數氏族。這些氏族傳說中總稱之曰辰國。《左》昭十七年傳云：「宋，大辰之虛也。」按宋為商後，而《左傳》謂其國為「大辰之虛」。則所謂「大辰之虛」者，實即「殷墟」。以是而知殷在古代，實有「大辰」之稱。證之《左》昭元年傳有「辰為商星」之語，尤為可信。同時，《後漢書・東夷傳》謂：「韓有三種，一曰馬韓，二曰辰韓，三曰弁辰……凡七十八國，……皆古之辰國也。」據此，則自山東半島沿渤海而北以至朝鮮半島，都是屬於古辰國的領域。這些氏族之所以有辰國之稱，以字義推測，或係因為它們都已達到了「磨蜃而耨」的經濟階段。以近代語譯之，即農業氏族之意。[1] 即因商族在史前時代有如此廣大的分佈，所以《詩・商頌・長髮》云：「相土烈烈，海外有截。」

1　甲骨文中，辰字有多種書法，金文中亦有各種書法。書法雖多，但大體可以分為兩類，即或呈磬折形，或呈貝殼形，蓋即古者「磨蜃而耨」之蜃器。郭沫若謂「辰與蜃，在古當係一字。蜃字從蟲，例當後起。蓋制器在造字之前，辰即以蜃為之，故蜃亦即以辰為字。」又云：「要之，辰本農器，故農、辱、蓐、耨諸字均從辰。星之名辰者，蓋星象於農事大有攸關，古人多以耕器表彰之。（西方亦稱北斗為犁星），故大火為大辰，伐為大辰，北極亦為大辰，（《公羊》昭十七年）更進則舉凡星象，皆稱為辰。」（見郭著《甲骨文字研究・釋干支》頁二五）

此所謂「有截」當係地名。甲骨文中已有「截」的地名之發現，惟此地究現在今日何處，無從考證。但必在海外，則可斷言。或即《左》定四年傳所謂「相土之東都」以今日地理言之，當在遼東或朝鮮。而且據《殷武》云：「有截其所，湯（成湯）孫之緒。」則「有截」之地，為商族的苗裔之所分佈，又無可疑。總而言之，在新石器時代商族業已廣泛地分佈於渤海沿岸，換言之，環渤海而居者，皆為商族。其北徙者「巢山處海」，世稱東夷；其南徙者「漸居中土」，是謂殷商。其實東夷與殷商，實為同一種族的分支。

商族在史前時代，雖南北分攜，但他們卻創造了同一系統的新石器文化，這種文化以「黑陶」與「卜骨」之一般的存在為特徵。據考古學的發現之啟示，黑陶與卜骨兩種文化因素，在史前時代實有不可分離的關係。最顯要之證明，即在今日所發現的黑陶遺址中，皆有卜骨的遺存。就今日已發現出有黑陶及卜骨之遺址而論，其分佈區域大概以山東半島及河南東部為中心，北延及於遼東半島，西播止於洹水及淇水流域。至於中國西北部之仰韶文化遺址中，則至今毫無痕跡可尋。由此而知此種文化，實為與「夏族」之彩陶與鼎鬲文化東西對峙之一個獨立的文化系統。

以黑陶與卜骨為主要特徵的原始文化遺存，近來已經發現

於山東章丘之城子崖遺址。[1]但據我的考察,在遼寧錦西之沙鍋屯遺址,亦有此種文化之存在。[2]若單就卜骨而言,則東傳至日本[3],北傳至通古斯[4]及西伯利亞之濱海氏族[5]。

　　史前商族的諸氏族,不但創造了屬於同一系統的文化,而且還保有共同的原始傳說:鳥生的傳說。如商族自謂其始祖為

1　李濟《城子崖發掘報告・序》中云:「(城子崖)下層文化,為完全石器文化,陶器以手製為主體,但已有輪製者。所出之黑陶與粉黃陶,技術特精,形制尤富於創造。」又云:「城之崖最可注意之實物為卜骨。由此城子崖文化與殷墟文化得一最親切之聯絡。下層兼用牛鹿肩胛骨,上層只用牛胛骨,故上下兩文化層,雖屬兩個時期,實屬一個系統。」

2　安特生《沙鍋屯石穴遺址》中云:「沙鍋屯之陶器,皆用手製,間有一二碎塊,似為磨輪製。」又云:「第十一版三圖所示,與他(陶)片有特異處……初視之,極似黑皮。」又云:「單色細陶器……土之結合甚松,以指磨擦,則黃粉屑屑落。」此種「極似黑皮之陶片」及「黃粉屑屑落」之陶片,我以為即城子崖文化中之黑陶及粉黃陶。安氏又於同書中云:「九版九圖,乃一個細長之器,由骨劈裂兩半後,將劈裂處磨光而成者。其一端稍窄而圓,他端有裂痕。」我以為這一劈兩開的骨版,可能是用以卜筮的。

3　《後漢書・東夷傳》謂倭人「灼骨以卜,用決吉凶」。

4　《後漢書》謂「《扶餘國》有軍事亦祭天,殺牛,以蹄占其吉凶。」

5　見李濟《城子崖發掘報告・序》。

「玄鳥」所生 [1]，而北夷橐離國 [2]、徐夷 [3] 及高麗 [4] 皆有卵生的傳說。此外如殷商、高句麗及扶餘皆與「河伯」有關，而「河伯」者，我以為即商之祖「冥」，亦即甲骨文中之「季」[5]，由此又證明他們是出發於一共同祖先。

　　不僅如此，環渤海而居的商族，直至有史以後的時代，他

1　《詩・商頌・玄鳥》云：「天命玄鳥，降而生商。」

2　《論衡・吉驗》云：「北夷橐離國王侍婢有娠，王欲殺之。婢對曰：『有氣大如雞子，從天而下，我故有娠。』」

3　《搜神記》卷十四云：「古徐國宮人，娠而生卵，以為不祥，棄之水濱。有犬名鵠蒼，啣卵以歸，遂生兒，為徐嗣君。」

4　《魏書・高句麗傳》云：「高句麗者，出於扶餘。自言先祖朱蒙。朱蒙母河伯女，為扶餘王閉於室中……既而有孕，生一卵，大如五升。」（此傳說並見於高麗好大王碑，高麗王氏朝富軾撰《三國史記》，朝鮮舊《三國史・東明王本紀》及《清太祖武皇帝實錄》等書。）

5　《魏書・高句麗傳》云，高句麗出自扶餘，而扶餘王與河伯女有關，是高句麗及扶餘皆與河伯有關。同時《山海經》郭註引《竹書》謂：「上甲微假師於河伯以伐有易。」是殷商遠祖亦與河伯有關。此所謂河伯，余以為即《山海經》中所謂「河伯僕牛」之「河伯」，實即傳說中之商的遠祖「冥」。因為在傳說中商之遠祖，只有「冥」與「河」有關。《竹書》謂「少康十一年使商侯冥治河。」又云「後杼十三年冥死於河。」故我以為所謂「河伯」，實即傳說中之「商侯冥」。而傳說中之「商侯冥」，近來已被證實即甲骨文中所發現之殷的遠祖季。《國語》云：「殷人禘嚳而郊冥。」正與這一事實相符合。

們還保有共同的宗教信仰。如商人有崇拜天帝的信仰 [1]，而扶餘 [2]、濊 [3]、韓 [4] 亦有此種信仰。

　　這些文化相同，宗教信仰相同以及保有共同傳說的商族，他們在整個新石器時代，都在渤海南北繁育滋長。或網罟而漁，或弓矢而獵，或磨蜃而耕，或畜牧牛羊，由漁獵生活逐漸進到農牧生活。此種商族，因其後來分化為許多氏族，故傳說中稱之為「九夷」[5]。「九夷」者，即「群夷」之謂。其實夷之族並不止於九，商族亦被稱為夷。如傳說中稱商之居為夷居 [6]，紂

1　殷人崇拜天帝，見於傳說，亦見於甲骨文字。如《書‧盤庚》（上）云：「天其永我命於茲新邑。」《盤庚》（下）云：「肆上帝將復我高祖之德。」甲骨文中亦常有「帝受我又（祐）」（卜‧三六九片）之記載。

2　《後漢書‧東夷傳》云：「（扶餘國）以臘月祭天，大會連日，飲食歌舞，名曰迎鼓。」

3　《後漢書》云：「濊……本皆朝鮮之地也……常用十月祭天，晝夜飲酒歌舞，名之為舞天。」

4　《後漢書》云：「（韓）主祭天神，號為天君。」

5　《後漢書》云：「夷有九種：曰畎夷、于夷、方夷、黃夷、白夷、赤夷、玄夷、風夷、陽夷。」

6　《逸周書‧祭公解》云：「用夷居之大商之眾。」

之居亦為夷居 [1]，稱紂為紂夷 [2]，稱紂之人為夷人 [3]，由此足證所謂夷族者，實即商族。

　　大約在新石器時代末期，亦即傳說中之「夏代」的初年，商族便開始由山東溯黃河而西上，所謂「太康失德，夷人始畔。」[4] 正是暗示這一歷史內容。到傳說中之「夏」的末葉，便展開了積極的西進，所謂「桀為暴虐，諸夷內侵。」[5] 則是暗示這一歷史內容。《史記‧殷本紀》中所謂「自契至湯八遷，湯始居亳。」又說明商族自渤海沿岸北徙遼東，南徙山東，以及由山東西徙河南之過程。據王國維考證，此八遷，實即轉徙於蕃、砥石、商邱、殷、亳五地之間，而此五地者，又皆位於山

1　《墨子‧天志》引《太誓》云：「紂越厥夷居而不肯事上帝。」同書《非命》引《太誓》云：「紂夷處不肯事上帝鬼神。」

2　《逸周書‧明堂解》云：「周公相武王以伐紂夷，定天下。」《墨子‧非命》引《太誓》云：「紂夷之居，而不肯事上帝鬼神。」

3　《書‧泰誓》云：「受（紂）有億兆夷人，離心離德。」

4　《後漢書‧東夷傳》。

5　《後漢書‧東夷傳》。

東河南之間。[1] 我對於王氏的這種考證，不能同意。因為根據以
上所云，在「相土」以前，商族的遷徙，尚在渤海沿岸一帶，
故最初之遷徙，當係指渤海沿岸之轉徙。至於在山東、河南一
帶的遷徙，當在「相土」以後。

（出自《先秦史》，1944 年 4 月）

1　據王國維云：今考之古籍，則《世本·居篇》云：「契居蕃。」契本帝嚳之子，
　　實本居亳。今居於蕃，是一遷也。《世本》又云：「昭明居砥石。」由蕃遷於砥
　　石，是二遷也。《荀子·成相篇》云：「契玄王生昭明，居於砥石，遷於商。」
　　是昭明又由砥石遷商，是三遷也。《左氏》襄九年傳云：「陶唐氏之火正閼伯居
　　商邱，祀大火而火紀時焉。相土因之，故商主大火。」是以商邱為昭明子相土
　　所遷。又定四年傳：祝鮀論周封康叔曰：「取於相土之東都，以會王之東搜。」
　　則相土之時曾有二都。康叔取其東都以會王之東搜，則當在東嶽之下，蓋如泰
　　山之祊為鄭有者，此為東都；則商邱乃其西都矣。疑昭明遷商後，相土又東徙
　　泰山下，後復歸商邱，是四遷五遷也。《今本竹書紀年》云：「帝芬三十三年，
　　商侯遷於殷。」是六遷也。又「孔甲九年，殷侯復歸於商邱。」是七遷也。至
　　「湯始居亳，從先王居。」則為八遷。（《觀堂集林》卷一二《說自契至於成湯八
　　遷》，原文作「定九年」，誤）

西周的「庶人」是「奴隸」還是「農奴」

　　西周的庶人，最主要的成分是農奴，亦即所謂「播民」。此外亦有工奴和賤奴，亦即所謂「眾百工」及「左右攜僕」。此種農奴、工奴與賤奴，通稱之，則曰「臣」，曰「妾」，曰「白丁」，曰「厘僕」，曰「仗」。農奴、工奴及賤奴，他們在生產上所擔負的任務及任務的重要性，雖各不相同，但其對領主之人格的從屬，則是相同的。因為在封建制的生產方法之下，必須要有人身的隸屬關係，換言之，必須要有某種程度之個人身體的不自由，和束縛於土地而成為土地之附庸，才能達到超經濟的強制之榨取的目的。所以西周莊園制的經濟，一方面是土地的私有，另一方面是農民的奴屬。

　　在周初，天子常常將農民連同其土地而分賜其左右。據《左》定四年傳所述，成王一次就賞給魯公以殷民六族，康叔以殷民七族，唐叔以懷姓九宗。此外金文中賜臣僕的記載，也非常之多。如《令簋銘》云：「姜賞令貝十朋，臣十家，鬲百

人。」《麥尊銘》云：「錫者姚臣，二百家。」諸如此類之記載，不勝枚舉。

當時的農奴，不僅可以用以賞賜，亦可用以買賣。《曶鼎銘》云：「我既贖女五伕，效父用匹馬束絲……買茲五夫，用百鋝。」由此足見當時農奴可與牛馬絲布互易，而其價格則為五伕值百鋝，一伕值二十鋝。又《君夫簋銘》亦云：「王命君夫曰：『贖求乃友。』」此所謂友，或亦君夫之農奴而被賣出者，故王命其贖回。

因為西周的農奴可以賞賜，可以買賣，還可用於償債，所以他們被當時的領主當作一種活的財產。《頌鼎銘》云：「令女官嗣成周，貯廿家。」這裏所謂「貯廿家」，即「賦廿家」之意。由此而知當時的領主不以土地，而以農奴的數目決定其收入。因為沒有農奴，土地永遠還是土地，它提供領主的，只是一片荒草而已。

即因農奴是財富的源泉，所以就要嚴格地限制他們的逃亡，及相互之間的攘奪。《書·費誓》云：「馬牛其風，臣妾逋逃，勿敢越逐；祇復之，我賞賜爾，乃越逐不復，汝則有常刑。無敢寇攘，逾垣牆，竊馬牛，誘臣妾，汝則有常刑。」這樣看來，西周的農奴，在領主看來，幾乎和牛馬一樣。

即因西周的農奴對領主保持嚴格之人身隸屬的關係，所以

看起來，他們幾乎不是農奴而是奴隸。但是他們與奴隸不同的，就是他們大半都是連同土地而被賞賜。例如《子仲姜鎛銘》云：「侯氏錫之邑二百又九十又九邑，與邨之民人都鄙。」《叔夷鐘銘》云：「錫女……其縣三百……造戟徒四千……釐僕二百又五十家。」《不娶簋銘》云：「錫女弓一，矢束，臣五家，田十田，用從乃事。」這些都是最好的例證。此外，如《召鼎銘》中所記，「用田五，用眾一伕」，「用田二，用臣四」，又證明當時的農民與田土是分不開的，因而亦即田土之附庸。所以西周的臣僕是農奴，不是奴隸。

至於以殷民六族賜魯公，殷民七族賜康叔，懷姓九宗賜唐叔，看起來仿佛是「種族奴隸」，實際上，是因為他們已有其地，故不得不「因」其土地上之人民。而當時的人民，又尚保有其血緣關係。多聚族而居，故云幾族幾宗。《詩・魯頌・閟宮》云：「乃命魯公，俾侯於東，錫之山川，土田附庸。」由此可以推知當時康叔、唐叔，之或「因」殷民，或「因」夏族，皆係田土山川上之「附庸」，正與王命申伯之「因是謝人，以作爾庸」（《崧高》），是同樣的意義。所以殷民六族七族及懷姓九宗，並不是「種族奴隸」，而是「農奴」。

它若工奴與賤奴，則更接近於奴隸，但是他們與奴隸不同的地方，就是他們已經被允許有其自己的私有財產，從而有其

自己的家庭組織，所謂「臣幾家」者是也。

　　總之，在西周時，農奴對領主之人身隸屬關係，還是非常強烈，而這種人身隸屬關係之逐漸鬆懈，則是在西周末年佃耕制開始以後。

　　我們對於這樣的事實，不必引為驚奇，因為這不是中國史上所獨有的奇跡，而是世界史上一般存在過的現象。例如十八世紀的俄國，那些荒淫的女皇，常常把成千成萬的農民，連同其土地，賞給她們的情人。比如葉利扎維塔女皇給拉蘇莫夫斯基伯爵一人，就贈送了十一萬五千名農奴。葉卡捷琳娜二世女皇在位三十五年，共計賜贈的農奴達八十五萬人。而當時俄國的領主，可以把農奴出賣，可以用農奴交換狗馬，可以把農奴用作抵押而獲得借款。列昂節夫《政治經濟學講話》曾摘錄了一七九七年莫斯科公報的一種拍賣廣告。其文曰：「茲願出賣家庭匠工，計裁縫二人，鞋匠一人，鐘錶匠一名，廚子一名，車匠一名，輪匠一名，雕刻匠一名，鍍金匠一名，馬伕二名，行為均佳。願購者請駕臨五十一號第四弄第三部地主本人處，看人議價。本處並出賣跑馬三匹，牡馬一匹，閹馬一匹，獵犬五十隻。」這樣看來，西周的領主較之十八世紀俄國的領主，實猶小巫之於大巫也。

　　　　　　　　　　（出自《先秦史》，1944 年 4 月）

對秦始皇如何評價

在我看來，秦始皇是中國封建統治階級中的一個傑出的人物。我說秦始皇是中國封建統治階級中的一個傑出的人物，不是因為他是一個王朝的創立者，而是因為他不自覺在順應了中國歷史發展的傾向，充當了中國新興地主階級開闢道路的先鋒，在中國歷史上消滅了封建領主制，開創了一個中央集權的封建專制主義的新時代。

封建專制主義和封建領主制，在本質上同是封建主義。但從封建領主制走向封建專制主義，則是封建社會向前發展中最大一步的前進。這一步前進的歷史實質，是農奴制的被廢除。

當然，封建專制主義的創立，不應完全歸功於秦始皇個人的雄才大略。它是春秋戰國以來社會生產力長期發展以及由此而導致的封建領主經濟走向崩潰的結果，主要是中國土地所有權從封建貴族世襲所有制向新興地主階級私人所有制的轉化在政治上的表現形式。土地所有關係的這一改變，改變了農民和

土地所有者的生產關係，它使農奴式、半農奴式的農民變成了小塊土地的所有者；它挖空了封建領主政治的經濟基礎，剝奪了封建領主藉以剝削農民的物質條件；同時也替封建專制主義國家準備了建築的基地。可以這樣說，秦國的統一，不是由於別的什麼原因，而是歷史的進程使封建專制主義的原則在當時的中國佔了優勢。但是這裏所說的優勢，是指的歷史的傾向性，而要使這種歷史的傾向性變成現實的歷史，還要經過人的努力。秦始皇正是這樣一個人，他把這種歷史傾向性變成了現實的歷史。因此，我們不能說，秦始皇在這一歷史的變革中，沒有起過任何作用。

提起秦始皇，就會在我們面前出現一個專制皇帝的陰影。的確，秦始皇是一個典型的專制皇帝，他毫不隱諱要把一切的權力集中到自己的手中，要把自己變成人間的上帝。但是正像我們不能把封建專制主義的創立，完全說成是他個人的功勞一樣，也不能把專制獨裁完全說成是他個人的個性。應該說秦始皇的專制獨裁，實際上是以他為首的新興地主階級的階級專政的表現形式。

任何階級，當他要奪取政權的時候，都要集中權力。新興的地主階級也不例外。史實證明，在戰國末葉，以六國國王為首的舊貴族，雖然已經臨於末日，但他們還在用一切的力量，

政治的、軍事的乃至卑劣的暗殺活動，來作最後的掙扎，企圖抵抗歷史的新傾向，保護他們垂危的腐朽的統治。在這種情況下，如果新興地主階級不集中權力，組織並指揮自己的武裝去粉碎封建貴族的反抗，舊貴族是不會自動走下歷史舞台的。秦始皇執行了這個歷史使命。他以秦國為據點，向六國舊貴族進行了毀滅性的討伐，在秦國軍隊的面前，六國國王的王冠一齊滾到地下。在覆滅六國以後，秦始皇又下令，「墮壞城郭，決通川防，夷去險阻」，把舊貴族藉以鞏固封建割據的物質條件加以徹底的摧毀。他就像一個清道夫，把暴力當作一把掃帚，在黃河南北的大平原中進行了一次歷史性的大掃除，使封建領主制留下來的殘餘一掃而光，然後在六國的廢墟上建立起新興地主階級專政的封建專制主義國家。

建立封建專制主義國家這件事，是歷史向秦始皇提出的新問題，因為在當時，不但中國不曾有過，全世界也不曾有過封建專制主義制度。秦始皇是在沒有任何範本可以借鑒的情況下，首創這一制度的。

要建立一個封建專制主義國家，必須有一套全新的政治、經濟和文化制度。當然最重要的是經濟制度，特別是土地制度。秦始皇首先下令「使黔首自實田」，用命令把土地私人所有制從秦國推廣到以前在六國統治下的地區，這就替新興地主

階級的全國規模的階級統治奠定了基礎。在政治體制方面他宣佈了廢封建為郡縣，建立了以皇帝為首的中央集權的專制主義的政治制度。此外，又統一度量衡，統一車軌，統一文字。所有這些，都是開創性的歷史活動。

　　僅僅次於消滅封建領主制，秦始皇又第一次在中國土地上建立了一個大一統的國家。據史籍所載，秦始皇的國家，西至臨洮、羌中，北據河為塞，並陰山至遼東，東南到了中國大陸的盡頭。此外，秦始皇又開五尺道以通滇黔，鑿靈渠，分湘江之源以通嶺南。這樣就打通了從中原通達西南和嶺南等邊遠地區的道路，突破了這些地區諸民族的原始閉塞性，使得當時的許多落後地區有機會接觸中原的文化，並且逐漸加入了封建主義的經濟和文化體系之中。這對中國歷史的全面發展起了很大的推動作用。

　　為了統治這樣一個從來沒有的大國，特別是為了保衛黃河流域的城市和農村免於匈奴人的蹂躪，秦始皇在他的國家的北邊連接並延長舊有的燕、趙、秦長城，成為屏障北方的一條圍牆，又沿着這條長城建築了很多亭障。也是為了這個目的，他又塹山堙谷，修築了一條從咸陽附近通達九原的直道。同時又在全國範圍內修築馳道，東窮燕齊，南極吳楚，把重要軍事據點貫通起來。對於秦始皇所做的這些工作，我以為是不應該受

到譴責的。

　　應該受到譴責的是秦始皇大修宮殿和陵寢。據說秦始皇所修的宮殿，關中三百，關外四百餘，其中最有名的是阿房宮；又用刑徒七十二萬人穿驪山作陵。在宮殿中都有鐘鼓美人。但是從秦始皇歷年的巡遊看來，他並沒有躺在他的宮殿裏去享受鐘鼓美人。他在統一中國以後的十二年中（公元前 221 年—前 210 年），前後出巡五次，幾乎走遍了他的國土。看來，他的大部分時間都是在旅途中度過的。

　　秦始皇把中國的歷史從封建領主制推到封建專制主義，應該說有他的功勞。因此封建社會的這一發展，意味着農民對封建土地所有者的人身隸屬關係在一定程度上的放鬆，或者說是農奴制的廢除。但是從封建領主制到封建專制主義的道路，是用農民自己的屍骨鋪平的。在覆滅六國的殘酷的戰爭中，以及在後來無止境的土木徭役中，死亡的農民是不計其數的。農民用自己的鮮血，刷紅了阿房宮。但他們得到的報酬是一副新的枷鎖，新的剝削制度，新興地主階級的賦稅與徭役。因此，在農民看來，這不過是以暴易暴而已。

　　　　　　　　（出自《秦漢歷史上的若干問題》，1964 年 5 月）

秦始皇焚書坑儒應如何理解

秦始皇用焚書坑儒的粗暴辦法對待文化思想問題，這件事是應該受到譴責的。但是這件事的發生，並不是秦始皇個人的偶然衝動，而是當時意識形態領域內的階級鬥爭，是新興地主階級反對殘餘的舊封建貴族的政治鬥爭在文化思想上的反映。秦始皇只是執行新興地主階級的階級使命而已。

這場意識形態領域內的階級鬥爭，不是從秦始皇統一天下以後才開始的。早在商鞅變法時，亦即新興地主階級在秦國取得政權時，就開始了這個鬥爭。《商君書·靳令》和《去強》都提出了詩書禮樂是病國之蝨的論點，主張毀滅它們，而且也確實毀滅過。《韓非子·和氏》說商君教秦孝公「燔詩書而明法令」，「孝公行之，主以尊安，國以富強」。據此，則商鞅變法時，秦國已經焚過詩書。商鞅變法在公元前 359 年，下距秦始皇焚書一百四十七年。

這場鬥爭，也沒有在秦朝結束。根據歷史記載，漢高祖

除秦苛法，但保留了秦朝的挾書律。一直到惠帝四年（前 191 年）才下令「除挾書律」。自商鞅變法之年至漢惠帝四年其間一百六十九年，儒家學説一直被新興地主階級當作敵對思想加以反對。當然，秦始皇焚書是這場鬥爭的高潮。

秦始皇不是在他統一天下以後，立即採取焚書坑儒的粗暴辦法來處理文化思想問題的。焚書是在統一天下後的第九年，坑儒是在統一天下後的第十年。在此以前，秦始皇對於文化思想所採取的措施是寬大的。《史記·秦始皇本紀》載始皇之言曰：「吾前收天下書，不中用者盡去之；悉召文學方術士甚眾，欲以興太平。」事實也是如此。秦始皇召集的文學方術之士的確很多，在他的周圍，有博士七十人，諸生以千百數，還有候星氣者三百人。秦始皇對於文學方術之士很尊重。博士備顧問，常在左右。《史記·秦始皇本紀》記載：二十六、三十四年，博士們在咸陽宮與丞相、御史大夫等中樞大臣一起參加政治體制問題的討論。始皇巡行郡國時也有博士隨行。例如始皇南遊至湘山祠，曾向隨行博士請教：「湘君何神？」至於方術之士，更受到始皇的信任。他說徐市求藥「費以巨萬計」，「盧生等吾尊賜之甚厚」。始皇對於不在咸陽的儒生，亦常引與論事，例如始皇東遊，上鄒嶧山，即曾與魯諸儒生議刻石、封禪、望祭山川之事。看來秦始皇真是想和這些文學方術

之士共興太平。始皇不僅對文學方術很重視，對於藝術也很感興趣。《史記・秦始皇本紀》謂「秦每破諸侯，寫放其宮室，作之咸陽北阪上」，由此可見，在始皇的軍隊中有畫家。

　　但是當時的文學方術之士，都是生長在戰國時代的人，他們誦法孔子或諸子百家之言，「人善其所私學」。因而秦始皇認為不中用的古典文獻，在他們看來，正是應該保存的；其所以應該保留，只是因為是古的。同時他們看不慣秦朝的新政，在他們看來，「事不師古而能長久者，非所聞也」。因此他們利用古典文獻，引經據典，反對秦朝的新政。正像李斯所說的：「今諸生不師今而學古，以非當世，惑亂黔首。」「人聞令下，則各以其學議之，入則心非，出則巷議，誇主以為名，異取以為高，率群下以造謗。」不僅口頭誹謗，還著書立說。《漢書・藝文志》縱橫家有《秦零陵令信》一篇，難丞相李斯，即其一例。雖然如此，秦始皇還沒有下令焚書。一直到博士齊人淳于越公開提出反對封建專制主義制度，主張恢復封建領主制的建議的時候，他才下令焚書。至於坑儒，則是因為盧生對秦始皇的政府大肆誹謗，而諸生在咸陽者又「或為謠言以亂黔首」，這已經超出了文化思想的範圍，變成了政治的煽動。

　　秦始皇結束了春秋戰國以來幾百年的封建貴族割據的局面，但是作為舊封建貴族意識形態的文化思想，並沒有隨着舊

封建貴族的滅亡而立即消失其影響作用，因此在意識形態領域內的一場階級鬥爭是不可避免的。焚書坑儒正是這場階級鬥爭的最激烈的表現。當然，這場鬥爭使得先秦的古典文獻受到很大的損失，這是值得惋惜的。

（出自《秦漢歷史上的若干問題》，1964 年 5 月）

秦王朝與亞洲諸國的關係

　　當秦王朝在亞洲東部遼闊的土地上建立起一個強大的封建專制主義國家的時候，世界上最大多數的人民還是生活在歷史上的野蠻時代，只有極少數進入了奴隸制時代。

　　在公元前 3 世紀末，秦帝國是世界上最先進的國家，秦帝國的建立及其活動，推動了中國歷史的發展，也對當時的亞洲起了文明的先導作用。它發展了和鄰近各國之間的關係，打破了東方世界的原始閉塞性，替後來兩漢時期各國之間更廣泛更頻繁的接觸創造了條件。

　　秦帝國最近的鄰國是朝鮮，朝鮮和中國的往來很早，根據《史記・朝鮮列傳》的記載：「自始全燕時，嘗略屬真番、朝鮮，為置史，築郊塞。秦滅燕，屬遼東外徼。」同書又載，當秦王朝時，漢水以南，有一大片無人居住的甌脫之地，史稱「秦故空地」。秦帝國曾在這空地上築有「上下鄣」，這片空地和空地上的鄣塞，後來被燕人衞滿利用作為他在朝鮮建立衞氏

王朝的根據地。[1] 假如當時的浿水是指現在的鴨綠江，則秦帝國的「上下鄣」就築在鴨綠江的南岸了。[2]

中國和朝鮮更頻繁的接觸是在秦帝國滅亡的時候。出現在秦末中國大陸的驚濤駭波，曾經衝擊了當時的朝鮮半島。史載當時居住在齊、燕、趙即今日山東和河北北部一帶的秦人，因為逃避苦役和戰亂，亡命朝鮮者數萬人。[3] 這些亡命朝鮮的秦人，大部分居住在當時浿水南岸的無人地帶。有些甚至轉徙到朝鮮半島南部古韓國地區。亡命漢水南岸的秦人，後來被燕人衛滿利用，覆滅了朝鮮王箕準的統治，在朝鮮半島的西北部建立了一個衛氏王朝。被衛滿推翻的朝鮮王準又率其餘眾數千人，從海道攻佔朝鮮半島南部的馬韓，並宣佈自己為韓國國

---

1 《史記》卷一一五《朝鮮列傳》：「漢興……燕王盧綰反，入匈奴。滿亡命，聚黨千餘人，魋結蠻夷服而東走出塞，渡浿水，居秦故空地上下鄣，稍役屬真番、朝鮮蠻夷及故燕、齊亡命者，王之，都王險。」

2 《史記·正義》引《地理志》云：「浿水出遼東塞外，西南至樂浪縣，西入海。」按《史記·朝鮮列傳》所說的浿水，流經樂浪，又西入海，與今鴨綠江的地望和流向相符。

3 《史記》卷一一五《朝鮮列傳》謂衛滿侵入朝鮮時，在浿水以南秦故空地上下鄣，已有「故燕、齊亡命者」居住在那裏。《後漢書》卷一一三《東夷傳·濊》亦云：「漢初大亂，燕、齊、趙人往避地者數萬口，而燕人衛滿擊破準而自王朝鮮。」

王。[1] 至於南徙朝鮮半島南部的秦人，他們後來定居在古辰韓地區。史載古辰韓的言語中，有不少秦語的辭彙。又說：辰韓亦稱秦韓。[2] 這些都說明了發生在秦末的中國大陸的歷史事變在朝鮮半島引起了不小的政治風浪。

　　衞滿王朝以前的朝鮮，中國史籍記載不詳。根據僅有的史料透露出來的消息是，當時朝鮮人民，已經知道耕田養蠶，過着定居的農業生活。私有財產以及由此而引起的階級分化已經確切存在。破壞私有財產的人要受到法律的處分。男子沒入為家奴，女子為婢。奴婢可以贖回自己的自由，「欲自贖者人五十萬」。史稱朝鮮「婦人貞信」，這又表明原始婚姻形態已不復存在。[3] 在政治方面，已經形成了部落聯盟或國家。有國

---

1 《後漢書》卷八五《東夷傳・韓》：「初，朝鮮王準為衞滿所破，乃將其餘眾數千人走入海，攻馬韓破之，自立為韓王。」

2 《後漢書》卷八五《東夷傳・韓》：「辰韓耆老自言秦之亡人，避苦役，適韓國，馬韓割東界地與之。其名國為邦，弓為弧，賊為寇，行酒為行觴，相呼為徒，有似秦語，故或名之為秦韓。」

3 《後漢書》卷八五《東夷傳・涉》：「昔武王封箕子於朝鮮、箕子教以禮義，田蠶，又置八條之教，其人終不相盜，無門戶之閉，婦人或信，飲食以籩豆。」李註引《前書》曰：「箕子散以八條者，相條者以當時償殺，相傷者以穀償，相盜者，男沒入為其家奴，女子為婢，欲自贖者人五十萬。」《音義》曰：「八條不具見也。」

王，國王是世襲的。[1]

居住在現在中南半島東北部的最早的居民，中國史上稱之為駱越，又稱甌駱，或稱西甌駱。

根據史籍記載，在秦或者更早的時期，甌駱人的社會已經進入了部落聯盟或者部落國家的歷史階段。《史記‧南越尉佗列傳》索隱引姚氏案《廣州記》云：「交趾有駱田，仰潮水上下，人食其田，名曰駱侯，諸縣自名為駱將，銅印青綬，即今之令。」又《水經‧葉榆河注》引《交州外域記》云：「交趾昔未有郡縣之時，土地有雒田，其田從潮水上下，民墾食其田，因名為雒民。設雒王、雒侯主諸郡縣，縣多為雒將，雒將銅印青綬。」從這些史料可以看出在秦人侵入以前，駱越已分化為許多氏族，氏族有長，稱駱將。氏族之上有部落，部落之長稱駱侯。部落之上有部落聯盟或國家，有共同的首領，稱為駱王。從駱王、駱侯到駱將，構成了等級的從屬關係。這裏的人民大半從事農業，過着定居的村落生活。他們已經知道利用潮水的漲落灌溉田地，種植穀物。

在秦王朝時期，甌駱人民受到了來自中國大陸的風暴的襲擊。根據中國史籍的記載，公元前 214 年，秦始皇派遣了五十

1　《後漢書》卷八五《東夷傳‧濊》，集解引惠棟曰：「《魏略》云：『準，朝鮮王否之子。』」

萬人組成的一支龐大的軍隊，在尉屠睢的指揮之下，分五路南取百越之地。這支軍隊以絕對的優勢壓服了居住在今福建的閩越和居住在今廣東的南越，順利地把帝國的疆域向東南推到了中國大陸的盡頭，接着便推進到甌駱的地區。

　　進攻甌駱的戰爭，不像進攻閩越和南越那樣順利。在這裏，秦帝國的軍隊遇到了甌駱人民的頑強抵抗，還有糧食補充的困難，以致三年不得解甲弛弩。後來鑿通了聯結湘水和漓水的運河靈渠，解決了糧食運輸的問題，才打破這種相持的局面。在這次戰爭中，秦軍擊敗了甌駱的主力軍，殺了西甌國王譯吁宋，在甌駱人的土地上建立了秦帝國的象郡。但是，甌駱人並沒有因此而停止抵抗，他們退入森林地帶，重新推舉出自己的首領，繼續襲擊秦軍。在一次夜襲中，大敗秦軍，殺死秦軍統帥屠睢。為了鞏固對甌駱的軍事佔領，以後秦帝國派出了增援的部隊，加強了這裏的衛戍。[1]

---

1 《淮南子》卷一八《人間訓》云：「又利越之犀角、象齒、翡翠、珠璣，乃使尉屠睢發卒五十萬為五軍，一軍塞鐔城之領，一軍守九疑之塞，一軍處番禺之都。一軍守南野之界，一軍結餘干之水，三年不解甲弛弩。使監祿無以轉餉，又以卒鑿渠而通糧道，以與越人戰。殺西甌君譯吁宋，而越人皆入叢薄中，與禽獸處，莫肯為秦虜。相置桀駿以為將，而夜攻秦人，大破之，殺尉屠睢。伏屍沉血數十萬。乃發適戍以備之。」《史記》卷一一二《主父偃列傳》《前漢書》卷六四上《嚴助傳》、下《嚴安傳》均有類似的記載。

公元前 210 年，秦始皇死，帝國在甌駱的統治似乎結束了，代替秦帝國的統治而出現於甌駱人土地上的是蜀王朝。建立蜀王朝的安陽王，打敗了秦帝國留在甌駱的衛戍部隊，征服了甌駱的侯王，建立了自己的統治。史載安陽王曾經先後和秦帝國的南海尉任囂、趙佗發生過戰爭。任囂沒有在戰爭中取得勝利就死了，他的助手趙佗繼續與安陽王作戰。公元前 208 年，趙佗擊敗了安陽王，從蜀王朝手中奪取了甌駱的土地，並且在這裏建立交阯、九真二郡。[1] 這時秦已滅亡，趙佗已自立為南越王。《史記·南越尉佗列傳》曾經說到趙佗在呂后死後，

---

1 《史記》卷一一三《南越尉佗列傳》《索隱》引姚氏案《廣州記》云：「後蜀王子將兵討駱侯，自稱為安陽王，治封溪縣。後南越王尉佗攻破安陽王，令二使典主交阯、九真二郡。」又《水經·葉榆河注》卷三七引《交州外域記》辦云：「後蜀王子將兵三萬來討雒王雒侯，服諸雒將，蜀王因稱為安陽王。後南越王尉佗舉眾攻安陽王。」

安陽王事亦見《大越史記》。《大越史記·外記》卷一有云：「安陽王在位五十年，王諱泮，舊史云姓蜀，巴蜀人也。」按在位五十年不可靠，同書又云：「辛卯，秦始皇三十七年（前 210 年），秦始皇崩於沙丘，任囂、趙佗率師來侵，佗駐軍北江仙遊山，與王戰，趙敗走。時任囂將舟師在小江染病，以軍傳佗，佗退守武寧山，通使講和。王喜，乃分平江北佗治之，以南王治之。佗遣子仲始求婚王女媚珠，許之。」又云：「癸巳，秦二世胡亥二年（前 208 年），南海尉趙佗復來侵，安陽王敗走，自溺死，蜀亡。」

按在廣州附近發現了「安陽行寶」的玉簡一枚。在這個玉簡正面，刻有六十甲子，字體近似甲骨文。背面無字，刻有五個卷舒文，考古學家懷疑這個玉簡是秦漢之際安陽王遺物，被趙佗掠奪，遺留下來的。

「以兵威邊，財物賂遺閩越、西甌駱，役屬焉。」這個史料說明了直到呂后死後，趙佗還控制着甌駱。趙佗役屬甌駱的情況不清楚。他在公元前179年寫給漢文帝的信上有「其東閩越千人眾號稱王，西甌駱、裸國亦稱王」等語。可見在趙佗的佔領時期，甌駱仍保有自己的政治組織，趙佗只是通過駱王向甌駱人民徵收貢納而已。

日本，對於秦人來說，還是浮現在虛無縹緲的大海中的一個神仙之國。但是從戰國以來，這個神仙之國就以蓬萊、方丈、瀛州三神山的名字，為燕、齊的方士所稱道。公元前219年，秦始皇曾經派遣了一個以徐市為首的、由青年男女幾千人組織成的探險隊，去尋找三神山。但徐市所率領的探險隊一去不返，他們也許到達了三神山，也許沒有到達。[1]

當秦王朝的活動在東方世界激起一系列的歷史事變時，西方世界的歷史浪花也飛濺到中國西部的邊疆，拍擊着帕米爾高原西部的山峰。

早在公元前4世紀，由於馬其頓帝國向東方的擴張，在西亞曾經引起很大的變化。那時馬其頓的軍隊，在他的國王亞歷山大（前336至前323年在位）指揮下，於前330年打敗了波

1　見《史記》卷六《秦始皇本紀》28年及《史記》卷二八《封禪書》。

斯，次年征服了大夏（即巴克特里亞）。又從大夏轉向印度的
五河地區，征服了以前被波斯征服過的鍵陀羅和印度西北地區
的一些城市。馬其頓帝國在西亞和印度西北地區的統治，不久
就瓦解了。在秦王朝的統治時期，出現在遼闊的西亞土地上的
是一些獨立國家，其中最大的是亞歷山大的部將塞琉古在敍利
亞與巴比倫建立的塞琉古王朝。此外，阿薩息斯（前 249 至前
247 年在位）也推翻了希臘人的統治，建立了安息（即帕提亞
王國）。衛成大夏的將軍狄奧多德（前 250 至前 230 年在位），
也擺脫了塞琉古王朝的統治，在巴克特拉宣佈獨立。馬其頓帝
國雖然瓦解，但由馬其頓人帶去的希臘文化，在西亞和印度西
北地區仍然起着影響作用。

　　早在公元前 4 世紀，印度就出現了一個孔雀王朝（約前
321 至前 185 年）。這個王朝排除了希臘人的勢力，結束了印
度歷史上的列國時期（約前 550 至前 321 年），建立了一個強
大的奴隸制國家。這個國家的領土，包括全部北印度和阿富汗
俾路支的大部分。當秦王朝統一中國的前夕，還是孔雀王朝全
盛時代的後期。當時統治這個奴隸制國家的是有名的阿育王或
稱無憂王（約前 268 至前 232 年）。阿育王繼續征服了羯陵伽
國，把羯陵伽國以南的安度羅也變成了它的屬領。他幾乎征服
了全印度，只有印度極南部諸部落國家還保持獨立。但這樣的

時期不長，阿育王的繼承者，就只能守恆河中游摩揭陀國一帶的地方。

從印度社會產生的佛教文化，在阿育王時期開始廣泛的傳播。佛教產生在奴隸制經濟的高漲時期，在思想上是和婆羅門與種姓制度對立的。它反對那種阻礙印度社會向前發展的婆羅門教和階級支配的種姓制度，阿育王曾在華氏城召集了傳播佛教的集會，並將他對宗教的詔書刻在被稱為窣堵波的石柱上。

在秦王朝統治時期，中國和中亞、西亞諸國及印度有沒有接觸，不能得到確切的證明。根據史籍的記載推測，間接的接觸是很有可能的。《史記・大宛列傳》載：張騫從西域回國後，向漢武帝所作的報告中曾說到他在大夏時，看到邛竹杖和蜀布。據大夏人說，邛竹杖和蜀布是他們從印度買來的。[1] 這個史料，說明了早在張騫到大夏之前，中國的織物和工藝品已經出現在中西亞的市場。也說明了在張騫鑿通西域之前，在中國的西南已經有了一條經由緬甸、印度通達中西亞的商路。據張

---

1 《史記》卷一二三《大宛列傳》云：「臣在大夏時，見邛竹杖、蜀布。同曰：『安得此。』大夏國人曰：『吾國人往市之身毒。』身毒在大夏東南可數千里，其俗土著，大與大夏同，而卑濕暑熱云。其人民乘象以戰，其國臨大水焉。以騫度之，大夏去漢萬二千里，居漢西南，今身毒國又居大夏東南數千里，有蜀物，此其去蜀不遠矣。」

騫在同一報告中說，昆明之西可千餘里的乘象國，名曰滇越。當時四川的商人和滇越有交換關係。[1]四川的商品可以到達緬甸和印度，再經緬甸、印度等國的商人之手，輾轉運至中西亞諸國。不論當時的中國和中西亞諸國是否已經發生直接或間接的接觸，但秦帝國的聲威，已經遠播中西亞；特別是靠近中國西部邊疆的一些國家，則是可以肯定的。直到漢武帝時，大宛國人仍稱中國為秦人。[2]這就是一個最好的證明。

（出自《秦王朝的建立及其歷史形勢》，1961 年）

1　《史記》卷一二三《大宛列傳》云：「昆明之屬無君長，……然聞其西可千餘里，有乘象國，名曰滇越，而蜀賈奸出物者或至焉。」

2　《史記》卷一二三，謂李廣利伐大宛，「聞宛城中新得秦人，知穿井」。

論陳勝、吳廣的起義

革命的領導者陳勝、吳廣

紀元前 209 年，中國史上，爆發了一次有名的農民革命，這就是陳勝、吳廣的起義。

陳勝、吳廣的起義雖然像紙炮一聲，轟然而滅；但這一次起義是中國農民第一次反專制反獨裁的革命，而且第一次粉碎了專制和獨裁的政權。

據《史記・陳涉世家》云：「陳勝者，陽城（今河南登封縣）人也，字涉。吳廣者，陽夏（今河南太康縣）人也，字叔。陳涉少時，嘗與人傭耕。」「與人傭耕」就是僱農。至於吳廣，是否也是僱農，史無明文；但他的身份大概和陳勝差不多，因為他和陳勝同樣是秦代的「閭左」之民。司馬貞《索隱》曰：「（秦時）凡居，以富強為右，貧弱為左。」「閭左」之民，就是「貧弱」之民。

同書又云：「二世元年七月，（因北邊有警，秦代政府徵發閭左之民）適戍漁陽（今北京懷柔縣）九百人，屯大澤鄉（今安徽宿縣南），陳勝吳廣皆次當行，為屯長。」

「屯長」就是押解壯丁的隊長，壯丁的隊長，也是壯丁。於是他們就由「甕牖繩樞之子，甿隸之人」，一變而為「遷徙之徒」[1]。

從這裏，我們知道陳勝、吳廣以前是「與人傭耕」，胼手胝足於壟畝之間，以後又被徵為壯丁，「躡足行伍之間，俛起阡陌之中。」[2] 既沒有絲毫財產足以結納徒眾；又沒有受過政治和軍事的教育，足以乘時因勢；更沒有高名重望，足以號召天下；然而何以卒能發動一個驚天動地的革命？

或有人說：這完全是歷史的偶然。誠然，陳勝、吳廣之最初的起義，不過是一隊壯丁的造反。造反的原因，是因為天雨失期，失期當斬。看起來好像是偶然的。

又有人說，這完全是陳勝的煽動。誠然，陳勝起義之前，曾經玩弄了一些魔術。例如，他以丹書帛曰：「陳勝王。」又

1　賈誼：《過秦論》。

2　賈誼：《過秦論》。俛同勉。俛起，不得已而舉事。《史記‧秦始皇本紀》太史公曰引作「而倔起什伯之中」。《集解》：「駰案：《漢書音義》曰：首出十長百長之中，如淳曰：時皆辟屈在十百之中。」

如他於叢祠中夜篝火，使人作狐鳴，呼曰：「大楚興，陳勝王。」這些魔術對於當時富於迷信的農民，不能說沒有煽動的作用。

但是，我以為這些都不能成為理由。陳勝、吳廣之最初的起義，固然是由於「天雨失期」；然而「天雨失期」之所以成為造反的原因，則是秦代「失期當斬」的苛法。帛書、狐鳴的煽動作用不過是暗示陳勝當王的天命；但陳勝當王的天命之所以有人相信，則是由於人民認為咸陽政府的天命已盡。所以我以為陳勝、吳廣之能喚起一個大革命，不是天雨，不是帛書，也不是狐鳴，而是秦代專制獨裁的暴政。

革命前夕的社會

司馬遷曰：

> 桀、紂失其道而湯、武作，周失其道而《春秋》作，秦失其政而陳涉發跡。（《史記·太史公自序》）。

在這裏，司馬遷把陳勝的起義，比之於湯、武伐罪，《春秋》誅暴，不是沒有根據的。因為秦之失政，由來已久，自秦

始皇統一六國以後，就走上了專制獨裁的道路，推行暴君政治。其積怨於人民已非一日，陳勝、吳廣的起義，正是秦末農民對專制獨裁的暴政之血的回答。

　　秦始皇是中國第一任專制獨裁的皇帝，他總以為天下是他打出來的，他就有權一手包辦天下之事。他不知道削平六國並不是他一個人的功勞，而是當時新興地主集體的力量，並且是當時歷史發展之必然的歸結。但是秦始皇卻「貪天之功以為己力」[1]，專制暴虐，開創獨裁政治的端序。孔子曰：「始作俑者，其無後乎！」[2] 所以秦代政權不及二世而亡。雖然，滅亡的只是他的直系子孫，至於他的旁系子孫，則真是自一世二世以至千萬世，歷代相承，以至今日。

　　秦始皇直至現在，尚被當作專制獨裁的典型人物，《史記》論秦始皇之為人曰：

　　　始皇為人，天性剛戾自用。起諸侯，併天下，意得慾從，以為自古莫及己。專任獄吏，獄吏得親倖；博士雖七十人，特備員弗用；丞相諸大臣，皆

<hr>

1 《左傳》僖公二四年。

2 《孟子·梁惠王》（上）引。

受成事，倚辦於上。上樂以刑殺為威，天下畏罪持
祿，莫敢盡忠；上不聞過而日驕，下懾伏謾欺以取
容。秦法不得兼方，不驗輒死；然候星氣者至三百
人，皆良士，畏忌諱諛，不敢端言其過。天下之事
無小大，皆決於上。上至以衡石量書，日夜有呈。
不中呈，不得休息。貪於權勢至如此。（《史記‧秦
始皇本紀》）

　　為了鞏固專制獨裁的政權，這位獨裁的皇帝即位以後，就
採取了左右開弓的政策。他一方面「收天下兵，聚之咸陽，銷
以為鐘鐻金人十二」，解除全國農民的武裝；另一方面，「徙
天下豪富於咸陽，十二萬戶」，把殘餘的六國舊貴族一網打盡
（同上書）。

　　六國的殘餘舊貴族大半都圈禁在咸陽；但猶以為未足，又
通緝在逃的舊貴族，如楚之貴族項梁，「嘗有櫟陽逮」（《項羽
本紀》）；魏之名士張耳、陳餘，同被懸賞購求（本傳）；猶以
為未足，又將集中軟禁的舊貴族流放邊疆，所謂「徙謫，實
之初縣」，即指明此事；猶以為未足，於是而有焚書、坑儒之
舉，企圖以此根絕舊貴族之思想的根源，從而滅絕人類的知
識，以遂行其統制文化思想的愚民政策。

公元前 213 年，咸陽宮裏發佈了焚書的通令，其令曰：

> 非《秦紀》，皆燒之。非博士官所職，天下敢有藏《詩》、《書》、百家語者，悉詣守、尉雜燒之。有敢偶語《詩》、《書》者棄市。以古非今者族。吏見知不舉者，與同罪。令下三十日不燒，黥為「城旦」（城旦，即輸邊，令築長城，四年徒刑）。所不去者，醫藥、卜筮、種樹之書。（《秦始皇本紀》）

跟着這道命令的發佈，首先在咸陽市的廣場上就縱燒了焚書的烈火，接着這焚書的烈火遍及全國。而中國最優秀的古典文獻，除皇家圖書館（即博士官所職）留下一份，其餘全部化為黑灰。第二年，諸生四百六十餘人在咸陽的郊外一坑活埋。其餘各郡各縣以「偶語詩書」或「見知不舉」或「令下三十日不燒」，而在以古非今的罪名之下被黥為「城旦」、被「棄市」、被滅家夷族者尚不知有多少。

咸陽變成了殺人犯的巢穴，知識分子的屠場，文化思想的墳墓。在當時知識分子要想逃出咸陽，就像逃出地獄一樣；然而秦始皇卻不許他們逃亡，他要留下幾個知識分子作為他的政治花瓶。所以博士七十人雖已「弗用」，仍然「備位」。

在另一方面，農民雖然已經解除武裝；但猶以為未足，又於各郡置「材官」（即常備軍），以準備對農民之隨時的屠殺；猶以為未足，又「毀先王之法，滅禮誼之官，專任刑罰」，嚴刑峻罰，向人民示威，以至「赭衣塞路，囹圄成市」（《漢書‧刑法志》）。猶以為未足，又嚴密基層政治的組織，於縣之下分鄉，鄉之下分亭，亭之下分里，把農民放在三老、嗇夫、遊徼、亭長、里正的層疊統治之下，成為馴良的農奴，一聲不響地被榨取，被奴役，乃至餓死。

自秦始皇統一天下以後，一隊一隊的農民，連同他們的妻女財產，被送到咸陽。到了咸陽，農民的財產，便化為離宮別館；農民的妻女，便化為妃嬪美人；而農民的本身，則被當作壯丁，送到四方。或負弩前驅，北伐匈奴；或肝腦塗地，南征五嶺；或壘石擔土，修築長城；或塹山堙谷，開闢馳道。猶以為未足，又於咸陽附近之驪山，設置一所類似今日法西斯「集中營」的大監獄，其中禁閉着「隱宮徒刑者七十餘萬人」，秦始皇強迫這些囚徒作無償勞動，替他建宮殿，掘墳墓（《秦始皇本紀》）。

在這一時代，三十萬人守塞北，五十萬人戍嶺南，七十萬人修宮殿、造陵墓。此外還有成千成萬的人築長城、開馳道。西自臨洮，東至遼東，北自燕齊，南至吳楚，到處都是農民的

屍骨。這些農民死於戰爭，死於飢餓，死於虐待。或暴骨沙漠，或委命山谷，或斃命黑獄，或轉死道路。廣大農民脫離了土地，脫離了生產，咸陽變成了金穴，而全國農村則變成了沙漠。誠如《淮南子‧人間訓》所云：「當此之時，男子不得修農畝，婦人不得剡麻考縷。羸弱服格於道，丈夫箕會於衢。病者不得養，死者不得葬。」而這就是秦始皇左右開弓政策的結果，專制獨裁政治的成績，也就是陳勝、吳廣革命起義之前夕的社會內容。

革命的爆發及其展開

人民對暴政的忍耐是有限度的，超過了一定的限度，他們就不管什麼皇帝不皇帝，都要和他拚一個死活。語云：「捨得一身剮，皇帝拉下馬。」這就是被壓迫人民之最後的辦法。

當始皇時，人民對這種窮兇極惡的獨夫所發出的警告已經不只一次了。始皇二十九年，博浪沙中已經伸出了舊貴族的鐵錘；三十一年蘭池道上又出現了農民的匕首；三十六年，東郡的隕石上又刻出「始皇死而地分」的標語。同年，華陰道上又有人帶給始皇一個口信，說「今年祖龍死」。這一系列的事實，表示了當時農民對土地之渴望和對這個獨夫的深惡痛絕、

憤怒和願與偕亡。

　　秦始皇在暴風雨的前夕死去了。其子二世繼立，趙高為丞相。宦官執政，奴才當權，殘殺親族，壓榨人民，屠滅文化，統制思想，貪污腐化，荒淫無恥，較之始皇時代更變本加厲。據《史記・秦始皇本紀》云：「（二世）度不足，下調郡縣，轉輸菽粟芻藁，皆令自齎糧食，咸陽三百里內不得食其穀。」

　　同書又云：「（二世）繁刑嚴誅，吏治刻深，賞罰不當，賦斂無度。天下多事，吏弗能紀；百姓困窮，而主弗收恤。然後奸偽並起，而上下相遁，蒙罪者眾，刑戮相望於道，而天下苦之。自君卿以下至於眾庶，人懷自危之心，親處窮困之實，咸不安其位。」像這樣一個政權，當然是罪惡的淵藪，人民的怨府，除了二世那個獨夫和他的奴才以外，當時社會各階層的人民，無不企圖推翻這個萬惡的政權，以求解放。

　　恰好當時北方有警，全國大徵兵，所有的農民，都要被徵，送到漁陽的戰場。歷史的記錄告訴我們，在當時，到處的亭長都在捕捉壯丁。無數的壯丁大隊都在向今日河北北部開拔。此外，輸菽輓粟以向咸陽的運送隊遍於道路。而貪官酷吏則假借徵兵徵糧額外苛索。

　　太陽熄滅了，遍天下都是貪官、酷吏、強盜、吸血鬼、殺人犯。就在這個時候，暴風雨來了！陳勝、吳廣舉起了革命的

大旗。革命在大澤鄉（今安徽宿縣境內）爆發，最初不過九百個戍卒的叛變。但在陳勝、吳廣的指揮之下，他們很快就佔領了大澤鄉，佔領了蘄縣（今宿縣）的縣城。

革命的攻勢，疾速地展開。陳勝令符離縣的農民葛嬰率領一支部隊東進，他則率軍西取銍、酇、苦、柘、譙諸縣[1]。苦難的人民一旦從暴政中得到解放，他們都紛紛起來，用鋤頭、木棒武裝自己，並且自己帶着糧食、車輛和驟馬，來參加農民軍的隊伍。旬日之間，在陳勝、吳廣的旗幟下，已經不僅是九百個戍卒，而是「車六七百乘，騎千餘，卒數萬人」[2]。並轉旗而西，向陳（今河南淮陽）進軍。陳的守、令早已聞風而逃，革命軍在沒有多大抵抗的情形之下進入陳，就在陳組織了以陳勝為首的革命政府。

太陽出來了，陳城上，揚起了「張楚」的旗幟。

革命的農民軍並沒有把他們的隊伍停在陳，他們展開了更大的攻勢。在當時，周文之軍西入函谷關，吳廣之軍西擊滎陽，宋留之軍西南向武關，分道並進，西向咸陽。在後方，

1　銍，今安徽宿縣西；酇，今河南城；苦，今鹿縣；柘，今柘城北；譙，今安徽亳縣。

2　《史記‧陳涉世家》。

則葛嬰之軍已下東城，鄧宗之軍已入九江郡，革命的勢力深入淮南。

革命的影響很快就擴大到全國的範圍。據史載，當時各地農民起義者，有：

陽城人鄧說，將兵居郯（今山東郯城）。

銍人伍徐，將兵居許（今河南許昌東）。

陵人秦嘉、銍人董緤、符離人朱雞石、取慮人鄭布、徐人丁疾等皆特起，將兵圍東海守慶於郯。

此外，楚兵數千人為聚者，不可勝數。

這些革命的農民無不斬木為兵，揭竿為旗，風起雲湧，起來回應陳勝的革命。他們「家自為怒，人自為鬥，各報其怨而攻其仇」[1]。於是縣殺其令丞，郡刑其守尉，群起而亡秦族矣。不到幾月，秦代專制獨裁的政權就在農民大眾的鋤頭、木棒之下，搗成粉碎了。

賈誼曰：

且夫天下非小弱也，雍州之地，殽函之固，自若也。陳涉之位，非尊於齊、楚、燕、趙、韓、

---

1 《史記‧張耳陳餘列傳》。

魏、宋、衞、中山之君;鉏櫌棘矜,非銤於句戟長
鎩也;適戍之眾,非抗於九國之師;深謀遠慮、行
軍用兵之道,非及鄉時之士也。然而成敗異變,功
業相反也……一夫作難而七廟墮,身死人手,為天
下笑者,何也?仁義不施,而攻守之勢異也。(《史
記·秦始皇本紀·太史公曰引〈過秦論〉》)

革命的失敗

農民革命的高潮過去了,跟着而來的,是其敗亡。不久,
秦朝政府的大軍在章邯的指揮之下,東向而擊。當時,周文之
軍一敗於戲,再敗於曹陽,三敗於澠池,周文自殺,軍遂潰
散。秦軍乘勝而東,至於滎陽。時吳廣已被害,田臧為上將,
乃使諸將李歸等守滎陽城,而自率精兵迎擊秦軍於敖倉。田臧
戰死,軍亦潰散,秦軍遂圍滎陽。李歸等敗死,滎陽陷落。

為了牽制秦軍的攻勢,當時陳勝曾遣使令趙王武臣率兵西
擊。但是張耳、陳餘卻建議趙王按兵不動。於是章邯由滎陽而
東,一擊而下陳。陳勝逃至下城父,其御莊賈殺以降秦。陳王
政府就這樣結束了。

陳勝雖死,而革命的農民並沒有被秦軍嚇倒。跟着陳勝之

死，將軍呂臣又出現為農民軍的領導者，組織着蒼頭軍，起義於新陽（今安徽太和縣西北），克復陳，誅死叛徒莊賈，復以陳為楚都。秦嘉則立景駒為楚王，集合郯下的農民軍，繼續反秦的鬥爭。此外驪山囚徒黥布亦出現為淮南一帶農民軍的領導人物。但這已經是農民革命的尾聲了。

（原載重慶《中國學術》季刊創刊號，1946 年 8 月 1 日）

西漢政府為什麼推行抑壓商人的政策

　　西漢的政權是新興地主階級的政權，這個地主階級的統治集團為什麼要抑壓商人呢？要回答這個問題，必須先說一說西漢的商人。

　　西漢的商人，大部分是戰國時期的商人的後代。在戰國時隨着早期城市經濟的發展，在封建領主經濟體系的母胎中，孕育出一個新興的商人階層。這個新興的商人階層在封建領主混戰的血泊中，壟斷鹽鐵及其他生活資料，使自己成為巨富。他們不像新興地主被土地約制在某一封國之內。封建割據的藩籬對於商人來說，並不是絕對不可逾越的障礙物，因為在金錢面前，刀劍就變成了像兒童玩具一樣的東西。很多資料證明，戰國時代的商人可以自由自在地越過國境線，甚至越過戰爭的封鎖線去尋找自己的利益。他們在一定程度上擺脫了封建領主經濟的地方性和閉關主義的約制，並且在瓦解封建領主經濟體系中起了一定的作用。

　　秦朝覆滅六國，統一天下，消滅了封建領主制經濟，撤除了阻礙商業發展的封建藩籬，替早期商業資本的發展創造了更好的條件。到了漢初，這個新興的商人階層便更加壯大起來。這種情形，在《史記‧平準書》《貨殖列傳》和《漢書‧食貨志》中說得很明白。《史記‧貨殖列傳》列舉了很多著名的富商大賈。這些富商大賈或以冶鐵煮鹽起家，或以貰貸行賈致富，或以壟斷糧食及其他生活日用品發財，其中有些轉轂百數，擁資巨萬乃至數千萬。還有些商人富「傾滇蜀」或「富埒關中」，「若至力農畜工虞商賈，為權利以成富，大者傾郡，中者傾縣，下者傾鄉里者，不可勝數」。

　　到了漢代，作為奴役人民的條件，身份還是重要的。但專靠封建貴族的身份奴役人民的時代已經過去了。司馬遷說：這時的「編戶之民，富相什則卑下之，伯則畏憚之，千則役，萬則僕」，這是「物之理也」。既然財富的多少成為誰奴役誰的主要條件，那麼，人們奔向富厚就不足為奇。而在當時的人看來，「用貧求富，農不如工，工不如商，刺繡文不如倚市門」[1]。實際情況，也是如此。

　　商業資本不久就衝破了城市的圍牆，席捲農村。富商大賈

1　以上均引自《史記‧貨殖列傳》。

出其盈餘，收奪土地，並且用高利貸把貧苦農民變成他們的佃戶和債務奴隸。這樣，就嚴重地破壞了封建專制主義國家的經濟基礎，替封建地主階級的統治帶來了可怕的危機。關於這種危機，賈誼和晁錯先後向西漢政府提出了警告，他們說，如果對於這種捨本逐末的情況不加以適當的制止，很有可能引起農民暴動。

從西漢初一直到武帝初年的歷史，可以說是中央集權和地方割據勢力激烈鬥爭的歷史，文、景削藩就是這種政治鬥爭的突出表現。在這一時期，西漢政府的一切政策，都要服從反封建割據的鬥爭。然而當時的商人卻因其富厚，「遊諸侯」「交守相」，和地方勢力互相勾結。商人利用諸侯王的政治特權以謀求暴利，諸侯則利用商人的資財來強化他們的割據，有些「封君」甚至「低首仰給」於商人。這樣，就替中央集權制的建立帶來了困難。

為了鞏固新興地主階級的統治，也為了戰勝諸侯王的地方割據勢力，西漢政府必須抑壓商人，使他們的活動服從整個地主階級的基本利益，服從中央集權的政治要求，替中央集權的封建專制主義的國家服務。

為了上述的目的，在楚漢戰爭結束以後，漢高祖「乃令賈人不得衣絲乘車，重稅租以困辱之」。惠帝、呂后時，雖「弛

商賈之律，然市井子孫，亦不得為官吏」。[1] 但到景帝時，抑商政策逐漸放鬆。景帝後二年詔曰：「今訾算十以上乃得官，廉士算不必眾，有市籍不得官，無訾又不得官，朕甚愍之，訾算四得官。」在漢代，訾萬錢納錢一算（一百二十錢），四萬錢納四算。這個詔令實際上是對商人不得為官吏的禁令放寬了尺碼。

其他的禁令，都沒有發生預期的效果，關於這一點，晁錯說得很明白。他說：「商賈大者，積貯倍息，小者坐列販賣，操其奇贏，日遊都市，乘上之急，所賣必倍。故其男不耕耘，女不蠶織，衣必文采，食必粱肉，亡農夫之苦，有任伯之得。因其富厚，交通王侯，力過吏勢，以利相傾，千里遊敖，冠蓋相望，乘堅策肥，履絲曳縞。」[2] 賈誼也說：當時皇帝用以做衣服的絲織物，而富商大賈用以為婢妾之服，甚至用以被墻。

晁錯說得對，「今法律賤商人，商人已富貴矣；尊農夫，農夫已貧賤矣。故俗之所貴，主之所賤也；吏之所卑，法之所尊也。上下相反，好惡乖迕，而欲國富法立，不可得也」[3]。

---

1 《漢書‧食貨志》（下）。

2 《漢書‧食貨志》（上）。

3 《漢書‧食貨志》（下）。

　　一直到武帝時，商人才遭到一次最嚴重的打擊。武帝元狩四年，頒發了算緡錢的命令。令「諸賈人末作貰貸賣買居邑貯積諸物，及商以取利者」，雖無市籍，各以其財產報官，「率緡錢二千而算一，諸作有租及鑄，率緡錢四千算一。非吏比者，三老、北邊騎士，輕車一算；商賈人軺車二算；船五丈以上一算」[1]。隱匿不報或報不實者，戍邊一歲，沒入緡綫。有能告者，以其半與之。賈人有市籍，及家屬，皆無得佔有田地。敢犯令，沒入田貨。這個命令發佈以後，商人還是隱匿財產不報，於是「楊可告緡遍天下，中家以上大抵皆遇告。杜周治之，獄少反者。乃分遣御史、廷尉正、監分曹往即治郡國緡錢。得民財物以億計，奴婢以千萬數（以千數、萬數的意思）；田，大縣數百頃，小縣百餘頃，宅亦如之。於是商賈中家以上大率破」[2]。

　　同時，漢武帝也向商人敞開了政治的大門。史載武帝用孔僅、東郭咸陽為大農丞，領鹽鐵事，而桑弘羊以計算用事侍中。孔僅是南陽大冶，東郭咸陽是齊之大鹽商，桑弘羊是洛陽

1　《漢書・食貨志》（下）。

2　《史記・平準書》。

賈人子。又除故鹽鐵家富者為吏，從此吏「多賈人矣」[1]。

　　自從中家以上的商賈受了一次破產的懲罰，剩下的富商又加入了統治集團以後，商人和西漢統治集團之間的矛盾才在利害一致的基礎上得到統一。

　　　　　　　　（出自《秦漢歷史上的若干問題》，1964 年 5 月）

---

1 《史記・平準書》。

兩漢官私奴婢在生產中
佔有怎樣的地位

關於這個問題，我在 1954 年寫的《關於兩漢的官私奴婢問題》一文中，已經提出了我的看法。現在我對這個問題的看法，沒有什麼改變。我還是認為兩漢官私奴婢在當時的生產中不佔主要地位。

在奴隸社會，奴隸必須擔當主要的生產任務。但大量的史料只能證明兩漢的官私奴婢已經脫離了生產活動，變成了社會的負擔。《漢書·貢禹傳》說：「諸官奴婢十萬餘人，戲遊亡事，稅良民以給之，歲費五六鉅萬。」不可想像一個奴隸制國家的政府會白白地養活十幾萬奴隸，讓他們「戲遊亡事」而不從事任何生產勞動。《鹽鐵論·散不足篇》也說：「今縣官多畜奴婢，坐稟衣食，私作產，為奸利，力作不盡，縣官失實。百姓或無斗筲之儲，官奴累百金；黎民昏晨不釋事，奴婢垂拱邀遊也。」《漢書·文帝紀·贊》謂：「百金，中人十家之產

也。」《漢書・東方朔傳》說：「金千斤，錢千萬」；又說：「金滿百斤，錢滿百萬。」「官奴累百金」就是官奴有錢百萬的私產，更難想像一個奴隸制國家的政府會讓它的奴隸擁有錢百萬的私產。

官奴婢如此，私奴婢亦然。很多資料證明兩漢的私奴婢已經變成了馬克思所說的類似後來僕役階級的、只是「擔任必要的服務或只充裝飾的家庭奴隸」。當時的私奴婢絕大多數是充當貴族或富人的歌兒、舞女、婢妾、侍御、騎從等等，不從事生產勞動。這樣的例子是舉不勝舉的。

馬克思說，黑格爾已經適當地指出，舊封建貴族的習慣是「消費現成的東西，特別是以隨從人員的眾多來表示闊綽」。兩漢時期的封建貴族和富人不是用奴婢來增殖他們的財產，而是浪費他們已有的財產；不是有了奴婢才致身富貴，而是富貴以後才擁有奴婢，用眾多的奴婢來裝飾自己的富貴。

奴隸社會，是奴隸養活社會，不是社會養活奴隸。兩漢的情況，恰恰相反，不是奴婢養活社會而是社會養活奴婢。因而兩漢的官私奴婢不是奴隸社會的奴隸，而是保留在封建社會中的奴隸制殘餘，是裝飾封建社會的繪有古典的圖案花紋的藝術陳設，是歷史的奢侈品。

像這樣「只充裝飾的家庭奴隸」，一直到清朝還有。看過

《紅樓夢》的人，就知道大觀園的主人，擁有眾多的奴婢。但我們不能因此就說清朝還是奴隸社會。當然，如果要和歷史開玩笑，也可以把晴雯補裘說成是奴隸從事手工業勞動。

（出自《秦漢歷史上的若干問題》，1964 年 5 月）

董仲舒以後的儒家和戰國時期
有何區別

在我看來，主要的區別有以下幾點：

一、戰國時期的儒家是百家之中的一家，當時「師異道，
人異論，百家殊方，指意不同」[1]，只要持之以故，言之成理，
就可以著書立說，是其所是而非其所非，自成一家之言。當
時儒家，也不例外。自董仲舒建議「諸不在六藝之科、孔子
之術者，皆絕其道，勿使並進」[2]，漢武帝接受了他的提議，罷
黜百家，尊崇儒術以後，諸子百家的學說就被當作邪辟之說
受到抑壓，而儒家學說則被當作天經地義的真理提升到一尊
的地位。

---

1 《漢書·董仲舒傳》。

2 《漢書·董仲舒傳》。

　　二、戰國時期的儒家，因為要和當時的諸子百家論戰，所以還要講道理，並且在不離開它的基本理論的原則下，還在不斷地充實和發展。孟子發展了孔子的學說，荀子又發展了孟子的學說。董仲舒以後，儒家學說已經被當作「明天道，正人倫」的「至治之成法」，當作道德的規範，行為的典則，當作盡善盡美的楷模，甚至當作法律。《漢書・張湯傳》謂「湯決大獄，欲傳古義，乃請博士弟子治《尚書》《春秋》，補廷尉史」。《漢書・藝文志》有《公羊董仲舒治獄》十六篇。這些都說明當時以經義治獄。此外，當時的人還用《禹貢》治河，用《詩經》作諫書；在黃巾起義爆發後，甚至有人建議用宣讀《孝經》的辦法，去瓦解農民起義的隊伍。總之，董仲舒以後的儒家學說，已經變成了地主階級的聖經，沒有、也不允許其他學派向他提出批判。誰要向儒家學說提出反對的意見，誰就是離經叛道的異端。論戰停止了，儒家學說的發展也停止了。它已經被當作一種完全無缺的真理，它再不需要從理論方面豐富自己，替自己注入新的血液，而開始了僵化的過程。這時的儒家學者只是根據地主階級的政治要求，或者說為了辯護地主階級的階級支配，對原有的理論作這樣或那樣的解釋。董仲舒以後的經師，他們對儒家學說所做的工作，就是註釋。到西漢後期，儒家學說「傳業者寖盛，支葉蕃滋，一經說至百餘萬

言」[1]。儒家的學者完全走上了尋章摘句、支離破碎的煩瑣主義的道路了。

三、戰國時期的儒家學說，從其觀點來說是唯心主義，但所談論的問題都是現實問題。例如孟子的「民為貴，社稷次之，君為輕」[2]的說教，荀子的「法後王」的主張，都帶有很大的現實性。董仲舒以後的儒家學說大大地加強了玄學化的成分。董仲舒本人就曾以陰陽五行、天人感應之說附會儒家學說。西漢末出現的讖緯之學，又在儒家學說中加上了更多的玄學的佐料。在讖緯中，孔子從聖人變成了神人，儒家學說則從聖經變成了天書。

四、戰國時期的儒家學者，雖然當時也有像荀子所說的「呼先王以欺愚者，而求衣食」[3]的俗儒，有「無廉恥而耆飲食」[4]的賤儒，但一般說來，並不是為了升官發財，是為了追求他們自己所信奉的「真理」。董仲舒以後的儒家學者則不然，他們把儒家哲學當作政治的敲門磚。自「公孫弘以治《春秋》

1 《漢書・儒林傳・贊》。

2 《孟子・盡心》（下）。

3 《荀子・儒效》。

4 《荀子・非十二子》。

為丞相，封侯，天下學士靡然鄉風矣」[1]。《漢書·儒林傳·贊》曰：「自武帝立五經博士，開弟子員，設科射策。勸以官祿，訖於元始，百有餘年，傳業者寖盛……大師眾至千餘人，蓋祿利之路然也。」

（出自《秦漢歷史上的若干問題》，1964 年 5 月）

---

1 《漢書·儒林傳·序》。

「太史公曰」──司馬遷的歷史批判

　　司馬遷的不朽，固在於他開創了一種新的歷史方法；同時，也在於他所寫的《史記》不是一部人物傳紀的彙編，而是一種富有靈魂的著作。換言之，《史記》不是一部死板的記述的歷史，而是一部生動的批判的歷史。

　　從《史記》中，我們到處都可以看到司馬遷在大膽地進行他的歷史批判。他敢於指斥帝王，貶抑權貴；敢於歌頌「叛逆」，同情貧弱。一言以蔽之，他敢於揭發歷史的黑暗，抨擊人類的罪惡。他帶着一支禿筆，走進中國歷史學的領域，用他敏銳的眼光，正義的觀感，生動的筆致，沉重的語言，縱橫古今，褒貶百代。在他的筆底，不知有若干黜廢的賢聖、失敗的英雄、俠義的豪傑、市井的浪人，放出了光彩；在他的筆底，不知有若干暴虐的帝王、荒淫的貴族、殘酷的官吏、貨殖的豪富，現出了原形。

　　司馬遷執行他的歷史批判，有各種形式，概而言之，不外

四種。一用標題，二用書法，三於敘述中夾以批判，最後而又是最重要的，則為各篇之後的專評，即「太史公曰」之下的文章。「太史公曰」，就是司馬遷設計的歷史審判的法庭。

用標題執行批判。例如列項羽於本紀，就是尊項羽為帝王。列孔子、陳涉於世家，就是崇孔子、陳涉為王侯。紀呂后而缺惠帝，並非抹煞惠帝，而是所以深罪呂后之專國。又如在列傳中，對於一般的人物列傳，都以其人之名標題，而獨於刺客、循吏、儒林、酷吏、遊俠、佞幸、滑稽、日者、龜策、貨殖，則以其人之行為標題，這就是提示作者對以上各類人物的態度，暗示抑揚之意。

用書法者。如書孔丘則不名，曰：「孔子，生魯昌平鄉陬邑，其先宋人也。」書孟、荀，則直稱其名，曰：「孟軻，鄒人也。」「荀卿，趙人。」同樣，書老、莊亦不名，曰：「老子者，楚苦縣厲鄉曲仁里人也。」「莊子者，蒙人也。」書申、韓，則直稱其名曰：「申不害者，京人也。」「韓非者，韓之諸公之也。」書孫武，則在名與不名之間，曰：「孫子武者，齊人也。」書吳起，則直稱其名曰：「吳起者，衛人也。」像這樣的書法，正是不說話的批判。他之不書名，是表示他對於其人的最大尊崇。書名，是表示他對於其人並不如何尊崇。

《史記》中有於敘事中夾以批判者。如《平準書》末載卜

式言曰：「縣官當食租衣稅而已。今弘羊令吏坐市列肆，販物求利。亨弘羊，天乃雨。」《王翦列傳》末載論曰：「或曰：『王離，秦之名將也，今將強秦之兵，攻新造之趙，舉之必矣。』客曰：『不然，夫為將三世者必敗。必敗者何也？以其所殺伐多矣，其後受其不祥。今王離已三世將矣。』」《刺客列傳‧荊軻傳》末載魯勾踐之語曰：「嗟乎！惜哉！其不講於刺劍之術也，甚矣！吾不知人也。曩者，吾叱之，彼乃以我為非人也。」《晁錯列傳》末載鄧公對景帝之語曰：「夫晁錯患諸侯強大不可制，故請削地以尊京師，萬世之利也。計劃始行，卒受大戮，內杜忠臣之口，外為諸侯報仇，臣竊為陛下不取也。」《田蚡列傳》末載武帝謂丞相田蚡曰：「君除吏已盡未？吾亦欲除吏。」又曰：「君何不遂取武庫！」這些，都是借用他人的言語，在敘事中兼示批判。

此外，亦有用自己的言語，在敘事中順便批判者。如《衞青列傳》中有曰，「大將軍為人，仁善退讓，以和柔自媚於上。然天下未有稱也。」《平準書》中有曰：「當是之時，網疏而民富，役財驕溢，或至兼併；豪黨之徒，以武斷於鄉曲；宗室有土，公卿大夫以下爭於奢侈；室廬輿服僭於上，無限度。物盛而衰，固其變也。」

以上都是一種暗示。更有於敘事中直指者。如《馮唐列傳》

云：「唐時年九十餘，不能復為官，乃以唐子馮遂為郎。遂字王孫，亦奇士。」《外戚世家》云：「衞皇后，字子夫，生微矣。」以上不過略舉數例而已，此種批判的言語，充滿《史記》各篇。

最後說到「太史公曰」。「太史公曰」是司馬遷負責的批判，也是《史記》一書的靈魂。司馬遷在這裏，「貶天子，退諸侯，斥大夫」，「別嫌疑」，「明是非」，「善善，惡惡；賢賢，賤不肖」。執行他對歷史人物的批判。

關於「貶天子」者，例如司馬遷對秦始皇、二世，都提出了批評。他借賈誼評秦始皇之語曰：「於是廢先王之道，焚百家之言，以愚黔首；墮名城，殺豪俊，收天下之兵，聚之咸陽，銷鋒鑄鐻，以為金人十二，以弱黔首之民。……秦王之心，自以為關中之固，金城千里，子孫帝王萬世之業也。秦王既沒，餘威振於殊俗。陳涉，甕牖繩樞之子，氓隸之人，而遷徙之徒……躡足行伍之間，而倔起什伯之中，率罷散之卒，將數百之眾，而轉攻秦，斬木為兵，揭竿為旗，天下雲集回應，贏糧而景從，山東豪俊遂並起而亡秦族矣。……何也？仁義不施，而攻守之勢異也。」[1]

評二世曰：二世「繁刑嚴誅，吏治刻深，賞罰不當，賦斂

1　《史記·秦始皇本紀·太史公曰》引賈誼《過秦論》。

無度。天下多事，吏弗能紀；百姓困窮，而主弗收恤。然後奸偽並起，而上下相遁；蒙罪者眾，刑戮相望於道，而天下苦之。自君卿以下，至於眾庶，人懷自危之心，親處窮苦之實，咸不安其位，故易動也。是以陳涉……奮臂於大澤，而天下回應者，其民危也。」[1]

　　司馬遷不但對前代的帝王有貶辭，對本朝的帝王乃至對他的當今皇帝，亦有微詞。例如在《叔孫通列傳》中評漢高祖曰：「夫高祖起微細，定海內，謀計用兵，可謂盡之矣。」這就無異說，「謀計用兵」以外，一無所長。《呂后本紀》中評呂后曰：「故孝惠垂拱，高后女主稱制，政不出房戶。」這就無異說：「牝雞司晨，惟家之索。」《馮唐列傳》中，借馮唐之語評文帝曰：「臣愚以為陛下法太明，賞太輕，罰太重，且雲中守魏尚坐上功，首虜差六級，陛下下之吏，削其爵，罰作之。由此言之，陛下雖得廉頗、李牧，弗能用也。」其評景帝殺晁錯之誤，已如前述。

　　司馬遷評武帝，更為大膽。他在《封禪書》中，譏諷武帝惑鬼神，求神仙，迷巫祝，信方士，甚至把自己的女兒嫁給方士，以求換取不死之藥；但結果，也只是白送了一個女兒而

---

1 《史記・秦始皇本紀・太史公曰》引賈誼《過秦論》。

已。在《平準書》中，他譴責武帝，因勤遠略，弄得天下蕭蕭然，民窮財竭。結果賣官爵，發皮幣，專鹽鐵，算舟車，稅緡錢，民不堪其命。《平準書》中有曰：

> 自是之後，嚴助、朱買臣等招來東甌，事兩越，江、淮之間蕭然煩費矣。唐蒙、司馬相如開路西南夷，鑿山通道千餘里，以廣巴蜀，巴蜀之民罷焉。彭吳賈滅朝鮮，置滄海之郡，則燕、齊之間，靡然發動。及王恢設謀馬邑，匈奴絕和親，侵擾北邊，兵連而不解，……中外騷擾而相奉，百姓抗弊以巧法，財賂衰耗而不贍。入物者補官，出貨者除罪；選舉陵遲，廉恥相冒；武力進用，法嚴令具，興利之臣自此始也。

司馬遷亦曾退諸侯，斥卿相。例如評梁孝王曰：「植其財貨，廣宮室，車服擬於天子，然亦僭矣。」[1] 評絳侯周勃曰：「絳侯周勃始為布衣時，鄙樸人也。」[2] 評武安侯田蚡曰：「武安

1　《史記·梁孝王世家·太史公曰》。
2　《史記·絳侯周勃世家·太史公曰》。

之貴，在日月之際。」[1]「日月之際」者，即裙帶關係也。評相國蕭何曰：「蕭相國何於秦時為刀筆吏，錄錄未有奇節。及漢興，依日月之末光。」[2]「依日月之末光」者，即攀龍附鳳也。評相國曹參曰：「曹相國參攻城野戰之功所以能多若此者，以與淮陰侯俱。及信已滅，而列侯成功，唯獨參擅其名。」「以與淮陰侯俱」者，冒淮陰侯之功也。

司馬遷對於草菅人命、蔑視人權的酷吏，極為痛恨。他在《酷吏列傳》評曰：「自郅都、杜周十人者，此皆以酷烈為聲。……然此十人中，其廉者足以為儀表，其污者足以為戒……至若蜀守馮當暴挫，廣漢李貞擅磔人，東郡彌僕鋸項，天水駱璧推減，河東褚廣妄殺，京兆無忌、馮翊殷周蝮鷙，水衡閻奉撲擊賣請，何足數哉！何足數哉！」

司馬遷對於佞幸之徒極為鄙棄。他在《佞幸列傳》中，開始便說：「諺曰：『力田不如逢年，善仕不如遇合。』固無虛言。非獨女以色媚，而仕宦亦有之。昔以色幸者多矣。至漢興，高祖至暴抗也，然籍孺以佞幸；孝惠時有閎孺。此兩人非有材能，徒以婉佞貴幸，與上臥起，公卿皆因關

1 《史記·田蚡列傳·太史公曰》。
2 《史記·蕭相國世家·太史公曰》。

說。……孝文時中寵臣，士人則鄧通，宦者則趙同、北宮伯子。」他說鄧通「其衣後穿」，可謂謔矣。最後，太史公曰：「甚哉！愛憎之時！彌子瑕之行，足以觀後人佞幸矣！雖百世可知也。」

司馬遷對於宦官，亦甚卑之。他在《報任安書》中說：「刑餘之人，無所比數，非一世也，所從來遠矣。昔衛靈公與雍渠載，孔子適陳；商鞅因景監見，趙良寒心；同子參乘爰絲變色自古而恥之。」[1]

司馬遷對於「財或累萬金而不佐國家之急」[2]的商人，也最為輕視。例如范蠡本是越國的大夫，因為他曾「治產積居，與時逐」，故不列之於官吏，而列之於貨殖。子貢本是孔子的門徒，因為他「廢著鬻財於曹魯之間」，故亦不列之於儒林，而列之於貨殖。列之於貨殖者，賤之也。司馬遷在《貨殖列傳》中評曰：「天下熙熙，皆為利來；天下壤壤，皆為利往。夫千乘之王，萬家之侯，百室之君，尚猶患貧，而況匹夫編戶之民乎！」在這裏，司馬遷又連帶指斥那些假借政治權力而經商的貴族官僚了。

---

1 《漢書‧司馬遷傳》。

2 《史記‧平準書》。

在另一方面，司馬遷對於古來黜廢的賢聖，則為之讚歎惋惜。例如他於伯夷、叔齊，則曰：「巖穴之士，趨捨有時。若此類名堙沒而不稱，悲夫！」於孔子，則曰：「高山仰止，景行行止。雖不能至，然心嚮往之。」於屈原，則曰：「悲其志。」於賈誼，則曰：「讀《鵩鳥賦》，同生死，輕去就，又爽然自失矣。」

司馬遷最大膽的地方，就是他敢於當着劉邦的子孫，讚美項羽。因為讚美項羽，就等於貶抑劉邦。司馬遷評項羽曰：「羽非有尺寸，乘勢起隴畝之中。三年，遂將五諸侯滅秦，分裂天下而封王侯，政由羽出，號為霸王。位雖不終，近古以來未嘗有也。」[1]

和讚美項羽一樣的大膽，司馬遷又歌頌陳涉。陳涉在封建統治者看來，正是一個有名的叛逆。歌頌陳涉，就是歌頌叛逆。但司馬遷在《史記・自序》中，卻把陳涉的起義，比之湯武的革命、孔子的作《春秋》。在《陳涉世家》的評語中又說：「陳勝雖已死，其所置遣侯王將相竟亡秦，由涉首事也。」同時，又在《儒林列傳・序》中指出，當陳涉起義之時，雖聖人之徒，也去參加他的革命營陣。他說：「陳涉之王也，而魯諸儒持孔氏

之禮器往歸陳王，於是孔甲為陳涉博士，卒與涉俱死。陳涉起匹夫……旬月以王楚，不滿半歲竟滅亡，其事至微淺，然而縉紳先生之徒負孔子禮器往委質為臣者何也？以秦焚其業，積怨而發憤於陳王也。」這段話雖然是對焚書坑儒者的一個警告，也是指明陳涉的革命雖縉紳先生之徒亦往委質為臣的事實。

此外，司馬遷對於韓信、黥布、魏豹、彭越這些失敗的英雄，都不勝惋惜。他評韓信曰：「假令韓信學道謙讓，不伐己功，不矜其能，則庶幾哉，於漢家勛可以比周、召、太公之徒。」評黥布曰：「英布者，其先豈《春秋》所見楚滅英、六、皋陶之後哉？身被刑法，何其拔興之暴也。」評魏豹、彭越曰：「魏豹、彭越雖故賤，然已席捲千里，南面稱孤，喋血乘勝，日有聞矣。……智略絕人，獨患無身耳。」

司馬遷對於善良的官吏，亦為之表揚。他在《循吏列傳》中評曰：「孫叔敖出一言，郢市復；子產病死，鄭民號哭；公儀子見好布而家婦逐；石奢縱父而死，楚昭名立；李離過殺而伏劍，晉文以正國法。」

司馬遷對於草野豪俠之士，極為讚歎。他在《刺客列傳》中評曰：「自曹沫至荊軻五人，此其義或成或不成；然其立意較然，不欺其志，名垂後世，豈妄也哉！」又於《遊俠列傳·序》中，特別申述其崇拜草野豪俠的理由曰：

　　韓子曰：「儒以文亂法，而俠以武犯禁。」二者皆譏，而學士多稱於世云。至如以術取宰相卿大夫，輔翼其世主，功名俱著於春秋，固無可言者。及若季次、原憲，閭巷人也，讀書懷獨行君子之德，義不苟合當世，當世亦笑之。故季次、原憲終身空室蓬戶，褐衣蔬食不厭。死而已四百餘年，而弟子志之不倦。今遊俠，其行雖不軌於正義，然其言必信，其行必果；已諾必誠，不愛其軀，赴士之厄困。既已存亡死生矣，而不矜其能，羞伐其德，蓋亦有足多者焉。……布衣之徒，設取予然諾，千里誦義，為死不顧世，此亦有所長，非苟而已也。故士窮窘而得委命，此其非人之所謂賢豪間者邪？誠使鄉曲之俠，予季次、原憲比權量力，效功於當世，不同日而論矣。要以功見言信，俠客之義又曷可少哉？古布衣之俠，靡得而聞已……以余所聞，漢興有朱家、田仲、王公、劇孟、郭解之徒，雖時扞當世之文罔，然其私義廉潔退讓，有足稱者。名不虛立，士不虛附。至如朋黨宗強比周，設財役貧，豪暴侵凌孤弱，恣慾自快，遊俠亦醜之。余悲世俗不察其意，而猥以朱家、郭解等，令與暴豪之徒同類而共笑之也。

在封建皇帝之前，直言極諫之士，往往遭橫禍；於是而有善良之士，以滑稽的態度，用戲謔的言語，以為諷刺。這些人，有時「談言微中，亦可以解紛」，故司馬遷亦美之。他在《滑稽列傳》中評曰：「淳于髡仰天大笑，齊威王橫行。優孟搖頭而歌，負薪者以封；優旃臨檻疾呼，陛楯得以半更。豈不亦偉哉！」

總觀以上所錄的評語，我們便可以看出司馬遷之所善與所惡，所賢與所賤，所是與所非；因而也就知道《史記》一書，不僅是為了敘述歷史，而且也是為了批判歷史，從而也就知道司馬遷之作《史記》，不是為了清算古人，而是為了要從古史中找出一些歷史教訓，教育他同時並世的人。他在《高祖功臣侯者年表》中說：「居今之世，志古之道，所以自鏡也。」這就是他作《史記》的用意。

即因司馬遷在《史記》中的批評，有些不合於封建的教條，所以後來班固批評他說：「其是非頗繆於聖人。論大道，則先黃老而後《六經》；序遊俠，則退處士而進奸雄；述貨殖，則崇勢利而羞賤貧，此其所蔽也。」[1] 班固對司馬遷的批判，大概都中要害；只有說他崇勢利而羞貧賤一點，是沒有看懂司馬遷作《貨殖列傳》的意義，司馬遷之傳貨殖，不但不是

---

1 《漢書·司馬遷傳·贊》。

崇勢利，而正是貶勢利。關於這一點，只要看他把范蠡、子貢列於《貨殖列傳》就可以證明。以後至於王允，則竟指《史記》為「謗書」[1]，章實齋又為之辯護，謂其「折衷六藝，何敢於訕上哉」？我以為謂之「謗書」，則未免太過；謂其毫無批判當世之意，亦非司馬遷所能同意。誠如章實齋所云：「今觀遷書，如封禪之惑於鬼神，平準之算及商販，孝武之秕政也。」孝武之秕政，而司馬遷指出之，非「訕上」而何？司馬遷以無罪而遭大辱，當然有所憤慨。此種憤慨，常見於言詞。例如在《伍子胥列傳》中評曰：「怨毒之於人甚矣哉！王者尚不能行之於臣下，況同列乎！」又在《屈原列傳》中曰：「信而見疑，忠而被謗，能無怨乎！」即因司馬遷積有怨憤，所以發而為文，則氣勢蓬勃，熱力豐富，因而《史記》一書成為千古的傑作。所以，雖「劉向、揚雄，博極群書，皆稱遷有良史之才，服其善序事理，辯而不華，質而不俚，其文直，其事核，不虛美，不隱惡，故謂之實錄」[2]。

（原載重慶《中山文化季刊》第二卷第一期，1945 年 6 月）

---

1 《後漢書·蔡邕傳》。

2 《漢書·司馬遷傳·贊》。

從西漢的和親政策說到昭君出塞

一

看了《文成公主》以後，想談談王昭君。

王昭君在過去的史學家眼中是一個渺小人物，在現在的史學家眼中還是一個渺小人物；然而在這個渺小人物身上，卻反映出西漢末葉中國歷史的一個重要側面，民族關係的這個側面。從她的身上，我們可以看出公元前一世紀下半期漢與匈奴之間的關係的全部歷史。

比起歷史上的大人物來，王昭君確實是一個渺小人物，她在當時不過是漢元帝掖庭中的一個宮女。但是歷史上往往有一些渺小人物，扮演着重要角色，王昭君正是一個扮演重要角色的渺小人物。

作為漢元帝掖庭中的一個宮女，王昭君不過是封建專制皇帝腳下踐踏的一粒沙子；但作為一個被漢王朝選定的前往匈奴

和親的姑娘，她就象徵地代表了一個王朝、一個帝國、一個民族，並且承擔了這個王朝、帝國、民族寄託在她身上的政治使命。

不管王昭君自己意識得到或意識不到，落到她身上的政治使命是重大的。根據歷史記載，自從漢高祖接受婁敬的建議與匈奴冒頓單于締結和親以後，他的繼承人惠帝、文帝、景帝一貫地奉行這種和親政策，先後與匈奴冒頓單于及其子孫老上單于、軍臣單于結為婚姻。在漢初 70 餘年間，漢王朝與匈奴部落聯盟統治集團之間，始終保持親戚關係。但是到了漢武帝元光二年（前 133 年）由於馬邑地方的邊境衝突，這種世代的親戚關係，便宣告中斷。從漢武帝元光二年到漢元帝竟寧元年（前 33 年）昭君出塞之年，其間整整一百年，漢王朝與匈奴部落聯盟統治集團之間，長期處於戰爭狀態之中，而這種由雙方統治階級發動的相互掠奪的戰爭，不論誰勝誰負，對於兩族人民來說，都是災難。昭君出塞之年，正是匈奴絕和親一百周年，很明白寄託在她身上的政治使命是恢復中斷了一百年的漢與匈奴之間的友好關係。

在一個多民族國家的歷史中，兩個兄弟民族的和解，不能說不是一個具有重大意義的歷史事件，而王昭君在這個事件中扮演的角色，不能說不是一個重要角色。

二

　　當然，漢元帝的政府不會把它的全部匈奴使命交給這個年青的、沒有實際政治經驗的姑娘，他們知道，在這個姑娘後面，還有一條萬里長城。但是不能因此就認為昭君出塞是漢王朝用真人真事表演的一齣滑稽劇，以此作為戰爭中的插曲。應該指出，昭君出塞這件事，對於漢王朝來說，是一個政策的轉變，即從戰爭政策回到和親政策。

　　和親政策，在今天看來已經是一種陳舊的過時的民族政策，但在古代封建社會時期卻是維持民族友好關係的一種最好的辦法。在當時的歷史條件下，要維持民族友好關係，主要地是通過兩種辦法，或者是質之以盟誓，或者是申之以婚姻，後者就是和親。西漢王朝對匈奴的政策主要是和親，只有在這種政策不能發生效果的時候，才採取戰爭政策。因此，他們對昭君出塞是非常重視的。史載漢元帝為了紀念這次和親而改元竟寧，就是最好的證明。應該指出，為了和親而改元，在西漢王朝的歷史上，這是最初的一次，也是最後的一次。

　　另外的資料也證明漢王朝對這次和親的重視。1954年在包頭附近麻池鄉漢墓中發現了印有「單于和親」，「千秋萬歲」，「長樂未央」等文字的瓦當殘片，據考古工作者判斷，這些瓦

當是屬於西漢末葉的 [1]。還有傳世的單于和親磚，上面也印有「單于和親千秋萬歲長樂未央」等文字，這些單于和親磚，雖然沒有製作年代，但和瓦當上的文字幾乎完全相同，很可能是屬於同一時代的。如果對這些遺物的年代判斷不錯，那麼，這些印有「單于和親」的磚瓦，只能認為是為了紀念昭君出塞而製作的，因為在西漢末只有這一次和親，而王昭君則是最後出塞的一個姑娘。

事實的發展是符合於漢王朝的期望的，昭君出塞以後，漢與匈奴之間有 50 年左右沒有戰爭。一直到王莽執政時期，由於王莽的政府推行一種分化匈奴人的政策（大分匈奴為十五單于），又要把大漢文明強加於匈奴人（如強制匈奴單于改用漢式單名），特別是為了確立他的政府對匈奴的政治從屬關係而更換「匈奴單于璽」為「新匈奴單于章」等等不愉快的事，漢與匈奴之間的友好關係才受到損害。

50 年的和平，在歷史上不是一件小事，而這 50 年的和平是與昭君出塞有密切關係的。當然這種和平的出現，不完全是王昭君個人的作用。作為一個個人，不論王昭君生得如何美貌，也不論她具有多大的政治才能，都不能轉移作為一個部落

1　《文物參考資料》1955 年第十期。

聯盟的匈奴統治集團的政治方向，至多只能從匈奴單于獲得對她個人的寵愛和信任。西漢初的歷史充分地證明了這一點。在西漢初，儘管漢王朝不斷地與匈奴單于和親，但並沒有因此而免於匈奴部落貴族的侵襲，只是沒有使這種侵襲發展成為真正的戰爭而已。

　　漢與匈奴之間的友好關係的恢復，是中國歷史發展到公元前一世紀所形成的客觀形勢的必然趨勢。當時的客觀形勢是：一方面匈奴已經由於部落貴族之間的分裂而趨於衰落；另一方面，漢王朝也進入了它的全盛時代的末期。在這種形勢下，雙方都無力發動侵略對方的戰爭，特別是雙方的人民，都迫切地想望和平。甚至一部分匈奴貴族也由於內部矛盾的尖銳化而感到必須與漢王朝和解才能穩定自己在匈奴部落中的統治地位。匈奴呼韓邪單于之決定款塞入朝，和漢王朝恢復友好關係，就是接受以匈奴貴族左伊秩訾王為首的主和派的意見。

　　和平是歷史的必然趨勢，但不能就得出班固所說的「和親無益」的結論。不可想像，假如當時的漢王朝拒絕與匈奴和親，單靠歷史的必然性，就可以自動地發展出 50 年的和平。

　　史實證明，在昭君出塞以前，這種形勢是存在的，但並沒有因此而導致和平，甚至在呼韓邪單于兩度入朝以後，漢王朝還不得不在它的西北邊境線上保持相當的軍事戒備。這種

情形，從居延漢簡的遺文中可以得到證明。居延漢簡中有一簡云：「塞外諸節谷呼韓單于。」[1] 又一簡云：「就屠與呼韓單于諆。」[2] 另一簡云：「郅支其名未知其變。」[3] 這些殘缺不全的簡牘遺文，雖然看不出完整的意思，但可以肯定的是這些簡牘都是當時漢王朝的邊防駐軍留下來的有關匈奴的軍事情報或記錄。

和親以後，情形就不同了。史載漢元帝以王昭君賜呼韓邪單于，單于歡喜，「上書願保塞上谷以西至敦煌，傳之無窮，請罷邊備塞吏卒，以休天子人民」（見《漢書·匈奴傳》）。雖然漢王朝沒有接受呼韓邪單于的建議，但從此以後，雙方都從思想上撤銷了仇恨的堡壘。燃燒了一個世紀的烽火熄滅了，出現在西北邊境線上的是和平居民的炊煙。

一直到王莽執政時期，漢與匈奴雙方還在利用王昭君的關係來緩和民族之間的矛盾。史載漢平帝時（公元 1～5 年），王莽曾邀請王昭君長女須卜居次雲訪問長安。天鳳五年（公元 18 年）匈奴單于又派遣須卜居次雲及其婿須卜當、兒子須卜

---

1 《居延漢簡甲編》一八〇〇條。

2 《居延漢簡甲編》二三六一條。

3 《居延漢簡甲編》一八〇四條。

奢,還有王昭君次女當於居次的兒子醯櫝王(醯櫝王中途回去了)再度出使長安。王莽並把他的庶女陸逮公主王捷嫁給須卜奢。在漢王朝方面,也曾於天鳳元年(公元 14 年)派遣王昭君的姪兒和親侯王歙、歙弟騎都尉展德候王颯出使匈奴,賀單于初立。天鳳二年,王歙又再度奉命出使匈奴。所有這些活動都是通過王昭君個人的關係進行的。

很明白,昭君出塞這個歷史事件是標誌着漢與匈奴之間友好關係的恢復,而王昭君在友好關係的恢復中起了很大的作用,然而這個標誌着民族友好的歷史事件,卻被過去的詩人、戲劇家宣佈為民族國家的屈辱,而王昭君則被描寫成一個抱着琵琶而慟哭的悲劇人物。這在今天看來是很不妥當的。

三

把昭君出塞宣佈為民族國家的屈辱,已經很久了。大概在王昭君死後不久,就有很多的詩人把昭君出塞當作一個屈辱事件寫成了詩歌。保留到現在的最早的一首以王昭君為題材的詩歌是西晉詩人石崇的《王明君辭》,在這首歌詞中,作者就是把王昭君當作被歷史風暴摧殘了的一枝含有詩意的花朵,向她傾泄了同情之淚。從此以後,一直到明清,歷代的詩人,包括

著名的詩人李白、杜甫、白居易在內，寫出了無數的詩歌來撫慰這個被他們認為是屈辱的靈魂。根據不完全的統計，詠王昭君的詩，唐以前有二十多首[1]，唐有六十多首[2]，宋元明清愈來愈多[3]，這些詩人在被稱為青冢的昭君墓前，樹立了一塊抒情的墮淚碑，一千多年來，在這塊墮淚碑前，灑遍了詩人的眼淚，題滿了詩人的輓歌。

詩人們之所以對昭君出塞這個事件感到如此悲哀，當然不完全是為了王昭君個人的不幸，有些詩人是借王昭君的眼睛，流出自己的眼淚，但是隱蔽在詩人眼淚背後的除了詩人們個人的感傷之外，還有貫通一切時代的共同的東西，這就是大民族主義情感和封建道德觀念。這種感情和這種觀念就是王昭君這個人物引起詩人共鳴的真正的思想基礎。

在過去的詩人看來，只要是一個漢族姑娘出嫁比較落後的鄰近部族或種族，就是傷害他們的民族尊嚴。如果這個姑娘是以王朝的名義出嫁，那就被認為是替民族國家帶來了屈辱。因此詩人們無條件地反對和親政策，好像一個民族的尊嚴就在於

1　《樂府詩集》。

2　《全唐詩》。

3　清胡鳳丹編《青冢志》。

嚴格地保持婚姻的種族枷鎖。例如唐代的和親，一般都不是在民族抑壓，而是在民族友好的情況下進行的，但是敦煌發現的唐人所寫的《昭君出塞》變文，卻把昭君出塞聯繫到突厥。如云：「傳聞突厥本同威，每喚昭君作貴妃」，又云「假使邊庭突厥寵，終歸不及漢王憐。」[1]大家都知道，漢代尚無突厥，變文把匈奴說成突厥，顯然是影射唐與突厥的和親。

　　最大多數的詩人也沒有忘記在道德上把王昭君理想化。他們根據封建道德的原則，向王昭君提出了貞操的要求，而且這種要求愈到後來愈嚴格。西晉的詩人石崇認為不能容忍的只是違反倫理主義的匈奴人的落後習俗——父死妻其後母。即使如此，石崇也沒有要求王昭君為了抗議「父子見凌辱」而自殺，還是讓她留在匈奴單于的帳幕中「默默以苟生」。《琴操》的作者就要求王昭君為了拒絕再嫁呼韓邪單于的兒子而飲藥自殺。到了後來，詩人們便不允許這個曾經屬於大漢掖庭的宮女踏上匈奴人的土地。為了保衛貞操，保衛大漢族的尊嚴，詩人們一定要看到王昭君死在大漢帝國的邊疆，才感到愉快，而且還要看到她的墳墓上生出青草，看到她的聖潔的靈魂，帶着原來的環孔，回到她的「親愛的」皇帝陛下的身邊，才算心滿意足。

---

1 《敦煌掇瑣》十三，二五五三。

如果說這些詠王昭君的詩歌，其中有些也表現了一定的積極意義，那就是通過昭君出塞反對妥協投降政策和不抵抗主義。的確，在有些詩歌中，王昭君的名字，已經變成了一面反對屈辱的旗幟。但正是在這個帶有現實意義的問題上，詩人們就不敢面對歷史的真實，他們很小心地避開了應該反對的以皇帝為首的當權的封建統治階級，向着遇不到危險的地方去舒展他們的愛國主義的熱情。他們和《西京雜記》的作者一樣不但不敢反對皇帝，也不敢反對皇帝的近侍，真正的貪污犯石顯（他貪污了一萬萬），硬要無中生有，把一個與昭君出塞毫無關係的畫師毛延壽拉扯進來，替他扣上一頂貪污的帽子，作為替罪的羔羊。自梁以來，許許多多的詩人都在這個倒霉的藝術家身上發泄了他們「高尚的義憤」。

四

王昭君這個人物，不但引起了詩人的共鳴，也打動了戲劇家的心弦。到了 13 世紀，戲劇家便讓王昭君披着詩的美裝，並且讓她踏着詩人替他鋪設的軌道走上舞台，當然，把詩人的情調塑造成為一個悲劇人物的形象而在王昭君這個人物身上打上封建道德和大民族主義的烙印，戲劇家們在藝術的創造方

面發揮了最大的智慧，而且在思想感情方面和寫作的動機方面都貫徹着自己的時代精神和個人意圖。保存到現在的最早的一個以昭君出塞為題材的劇本是元代戲劇家馬致遠的《漢宮秋》，在這個劇本中的王昭君就是為漢元帝流着眼淚的一個姑娘。在此以後，明清兩代的戲劇家也寫了王昭君的戲。在明代，有陳與郊的《昭君出塞》[1]，無名氏的《和戎記》[2]，還有另外一個無名氏的《青眆記》[3]。在清代，有周文泉的《琵琶語》，還有京劇中的《漢明妃》[4]。所有這些戲劇中的王昭君就都是流着眼淚的。

　　在這些戲劇中，應該提出來説一説的是馬致遠的《漢宮秋》。作為 13 世紀的戲劇家所寫的一個劇本，《漢宮秋》無可厚非，因為在這個劇本中，作者反對了妥協投降和不抵抗主義，譴責了那些在外來侵略面前被嚇倒的滿朝文武，甚至也諷刺了皇帝。但是馬致遠究竟是 13 世紀的一個戲劇家，而且生活在民族矛盾最尖鋭的時代，他不可能沒有大民族主義情感和

1　《盛明雜劇》第一集。

2　《古本戲劇叢刊》第二集。

3　全劇散失，《綴白裘》中保存了《送昭》《出塞》兩幕。

4　毛世來藏本，見北京市戲曲編導委員會編的《京劇彙編》。

封建貞操觀念。

在《漢宮秋》這個劇本中，作者把匈奴呼韓邪單于放在敵人的地位，讓他以一個好戰的粗野的首長以壓倒的威力和漢王朝對立，並通過匈奴人的戰爭威脅，替整個的戲劇投下了民族仇恨的陰影。然後把王昭君連同她的皇帝陛下和整個漢王朝放在戰爭威脅的前面，或者說，放在民族屈辱的面前，迫使漢王朝不得不讓王昭君出塞和親來承擔這個民族屈辱。作者的民族情感是濃厚的，他甚至不允許王昭君穿着漢家的衣服走到匈奴去。只是由於作者生活在蒙古王朝的統治下，他才不得不違背他的民族情感，讓這個戲劇以匈奴人的勝利而結束。

在反對妥協投降和不抵抗主義的問題上，作者也和詩人一樣從小路溜走了。在《漢宮秋》這個劇本中，作者把畫師毛延壽刻畫成為一個貪污、卑鄙、奸佞和背叛民族國家的敗類。宣稱這個畫師是造成災難的禍首，把一切責任都歸到他的身上，而把漢元帝說成是一個「愁花病酒」的多情的皇帝。作者就用這樣的虛構，把昭君出塞這個歷史事件的責任，從皇帝身上轉移到畫師身上。皇帝得到了寬恕，而畫師卻問了斬刑。

由於把問題轉向貪污，作者就把悲劇的衝突降低到一個宮廷畫師的陰謀和背叛，好像歷史就是按照一個畫師的貪慾而進行的。這樣就抽出了昭君出塞這個事件的政治內容和歷

史意義。

　　在肯定昭君出塞是民族國家的屈辱的前提之下，出現在《漢宮秋》這個劇本中的王昭君，只能是一個悲劇人物。從王昭君個人的遭遇來說，她的確是一個悲劇人物，但是使她成為悲劇人物的不是和親，而是封建專制主義的迫害。封建專制主義把她從溫暖的家庭帶到冷酷的宮廷，又從冷酷的宮廷，把她帶到沙漠的邊緣，最後死在匈奴人的帳幕。可以說，王昭君是一個被封建專制主義磨成粉碎的姑娘。如果要把王昭君寫成一個悲劇人物，那就應該把漢元帝寫成她的敵人，並且通過對漢元帝的控訴來揭露封建專制主義的野蠻。然而由於時代和階級性的限制，作者不但沒有把漢元帝寫成她的敵人，反而把漢元帝寫成她的情人，並且用粉紅色的幕布掩蓋封建專制主義對於人身的野蠻凌辱和迫害。在作者看來，好像把成千少女禁閉在與世隔絕的高牆之中，讓她們望着「無風竹影」「有月窗紗」而流出眼淚，然後從她們飽受精神折磨的痛苦心靈中去吸收快樂，這是一個封建專制皇帝的「溫情」，作者就用這樣的「溫情」磨掉了一個民間少女性格上的尖銳棱角，讓她馴服地接受封建專制主義的蹂躪，讓她把這種蹂躪當作皇帝的「恩寵」來歡迎，並且讓她向着她的敵人「迎頭兒稱妾身，滿口兒呼陛下」。

　　作者也沒有忘記保衞封建道德是他的責任。在劇情的發展中，我們可以看到王昭君懷着對漢元帝割不斷的恩愛，對畫師毛延壽刻骨的仇恨和對匈奴人最大的敵意，走上一去不復返的征途，就在征途上，在作者認為不可逾越的道德防線上，用自殺結束了她的生命。「今生已矣，尚待來生也」，這就是她給漢朝皇帝的遺囑。實際上還沒有等到來生，作者就迫使王昭君這個從門口趕出去的姑娘，又從窗戶裏飛回來，來安慰這個在成千宮女環繞之中而感到寂寞的皇帝。

　　皇帝是情種，畫師是敗類，王昭君是封建專制主義最馴服的奴才，匈奴人是漢王朝最兇惡的敵人，而昭君出塞則是中國歷史上塗不掉的屈辱的印記，這就是《漢宮秋》的全部內容，也是明清兩代戲劇家所寫的以昭君出塞為題材的劇本的藍本。如果說明清兩代戲劇家所寫的昭君出塞的劇本也有一些新的創造，那就是用更多的虛構來填補皇帝的遺恨。

　　在清人所寫的《琵琶語》中，作者甚至乞靈於聖母，由聖母派遣東方朔和青鳥使者運用陳平祕計把王昭君從匈奴人手中搶救出來，然後讓她白日飛升。顯然，《琵琶語》的作者已經翱翔於雲霧之中，但是當戲劇家從空中跌到地下的時候，就會發現王昭君還是留在人間，留在匈奴人的帳幕中。

五

應該讓王昭君從天國回到人間，從道德領域回到歷史領域，昭君出塞這個歷史事件才能得到正確的說明。

只要把昭君出塞這個事件放在歷史領域之內就會發現把昭君出塞說成是民族國家的屈辱是不符合歷史真實的。根據歷史的記載，在公元前 2 世紀，匈奴人的確曾經一度成為漢王朝的威脅，但是就在這個世紀最後 30 年的一連串戰爭中，匈奴人遭受了漢武帝的沉重的反擊，已經一蹶不振。跟着漢王朝有計劃地建立了沿長城的要塞體系，特別是在河西走廊地帶鞏固地佔領了陣地以後，匈奴人就再不成為漢王朝的威脅了。

早在公元前一世紀上半期，這個曾經號令蒙古草原的匈奴人便進入了他歷史上嚴重的危機時代。頻繁的戰爭與普遍的災荒使匈奴人的社會經濟陷於破產。這時的匈奴已經喪失了發動大規模侵略戰爭的物質條件，以致使漢王朝可以放心大膽撤退他駐紮在長城以外第一線的要塞駐軍。

戰爭與災荒不久就導致匈奴部落貴族之間的矛盾尖銳化，到漢宣帝五鳳元年（前 57 年），五單于爭立，匈奴分裂為南北。為了對抗以郅支單于為首的北匈奴，以呼韓邪單于為首

的南匈奴倒向漢朝。甘露元年（前 51 年）呼韓邪單于首次入朝，黃龍元年（前 49 年）二次入朝，竟寧元年（前 33 年）三次入朝。王昭君就是呼韓邪單于三次入朝時隨同呼韓邪單于出塞的。這時距匈奴的衰落已經有半個世紀，距匈奴的分裂也有 25 年，距呼韓邪單于首次入朝已經有 18 年，距呼韓邪單于二次入朝也有 16 年了。

從呼韓邪單于首次入朝以後，匈奴已經變成了漢王朝的藩屬，一直到呼韓邪二次入朝時，守衛着他的帳幕的還是漢王朝的軍隊。到呼韓邪單于三次入朝時，以郅支單于為首的北匈奴也被漢王朝消滅了。這時漢王朝的勢力已經跨過陰山，橫絕大漠，遠遠地伸出了萬里長城之外。王昭君就是在這樣的歷史形勢下出塞和親的。在這種歷史形勢下，匈奴人還有什麼力量威脅漢王朝，使漢王朝接受屈辱呢？

固然，寫歷史劇不像寫歷史教科書，每一件事都要力求準確；但既然是歷史劇，在主要的問題上，或者說在總的歷史形勢、歷史傾向上，應該符合於歷史真實。昭君出塞是不是民族國家的屈辱，這個問題，攸關着戲劇家對待歷史上民族關係的態度，不能說不是一個主要問題，對於這樣的問題，我以為最好符合於歷史的真實。

六

把王昭君和漢元帝寫成一對情人，這是用不調和的色彩構成的一幅歷史漫畫。當然戲劇家有權把歷史漫畫化，但可惜在這幅漫畫中被醜化的不是封建專制皇帝，而是被封建專制皇帝迫害的一個宮女。

根據歷史的記載，王昭君入宮數歲，並沒有見到漢元帝，也沒有取得妃嬪最起碼的稱號（當時的妃嬪分十四等），只是以待詔掖庭的名義等待皇帝的召見。一直到漢元帝為呼韓邪單于餞別而舉行的一次盛大的宮廷宴會中，她才第一次，也是最後一次見到她的皇帝陛下。不可想像，世界上會有那樣廉價的愛情，像戲劇中所說的王昭君會為了她見了一面的皇帝而流出眼淚。更不可想像，一個生活在公元前一世紀的姑娘就有後來詩人、戲劇家那樣濃厚的封建貞操觀念，覺得她必須為了見了一面的皇帝而死在什麼黑龍江、烏江和其他什麼江。

至於漢元帝是不是一個多情的皇帝，歷史上沒有說到這件事。歷史上只說他是一個多才多藝的皇帝。他喜好音樂，而且具有音樂的天才。他會彈琴鼓瑟，擊鼓吹簫，也會唱歌，而且都能合乎嚴格的節奏。作為一個業餘的音樂家，他的音樂天才，使他的御用樂人為之驚歎。在音樂方面，只有他的兒子定

陶王劉康趕得上他。但是作為一個皇帝，他不過是庸人之王而已。史載元帝蔽疾，不親政事。他的御史大夫韋玄成也說他：「日撞亡秦之鐘，聽鄭衛之樂」，大概是事實。

　　像這樣一個皇帝，當他看到王昭君「豐容靚飾」出現在宴會中的時候，也許因為王昭君的美貌而使他感到過去沒有發現這個宮女是他的疏忽，但也只有在這個時候，即當他看到一個已經屬於他的掖庭的宮女要屬於匈奴單于的帳幕時，他才流露出嫉妒而悔恨的心情。正像清代史學家劉繼莊詠王昭君的詩中所說的「宮中多少如花女，不嫁單于君不知」。但是一個擁有成千的宮女的皇帝失去一個宮女，甚至像《後漢書》作者范曄所說的不是一個而是五個宮女，對於他來說，並不像過去詩人、戲劇家所想像的那樣嚴重，好像失去了一個宮女就像從他的皇冠上摘下了一顆珍珠，甚至就像奪去了他的靈魂。雖然如此，我並不反對在昭君出塞這齣戲中把漢元帝寫成正面人物，因為在批准昭君出塞這件事情上，他是正確的。

　　昭君出塞是自願的還是被迫的，誰也不知道。《後漢書》的作者范曄說王昭君自己「向掖庭令請行」，我以為這是合乎情理的。只要看一看《漢書‧外戚傳》記載的妃嬪生活，就會覺得一個宮女自願請行去和親是可以理解的。因為當時的掖庭，對於一個宮女來說簡直就是一座人間地獄。一個宮女被送

入掖庭以後，不能指望在活着的時候會能得到人身的自由。而且從漢武帝以後，當皇帝死後，宮女們還要被送到皇帝的陵園去陪伴骷髏。因此儘管過去的詩人、戲劇家用怎樣美麗的詞藻美化宮庭生活，說什麼「月樓花院」「綺窗朱戶」，但在宮女們看來，用黃金鑄成的牢獄，也是牢獄，誰會因為黃金而留戀牢獄呢？「向掖庭令請行」正是一個被迫害的女性向封建貞操觀念提出的辛辣諷刺，對封建專制主義的野蠻的人身凌辱和迫害提出的嚴重抗議。

王昭君當然也知道，在她離開漢元帝的掖庭以後，她會走到一個比較落後的遊牧人的社會，但她對匈奴人的社會並沒有過去的詩人戲劇家想像的那樣可怕，好像一旦越過了北部邊境線就要進入一個蒙昧時代的世界，一個原始人的社會，因而就必須把自己埋葬在文明世界的邊緣。

實際上當時的匈奴人，並不如過去的詩人戲劇家所想的那樣落後，他們是一些牧人部落，但這些牧人已經知道製作銅器和鐵器。靠近長城一帶的匈奴人還知道種植莊稼，當然他們需要的大部分手工業品特別是匈奴部落貴族享用的奢侈品大半是從與漢人交換或者通過漢王朝的贈送形式獲得的。只要看一看漢王朝送給匈奴呼韓邪單于和他的兒子的禮物單，就知道當時的匈奴貴族並不缺乏漢人的文明。昭君出塞的時候帶去的禮

物，其中就有錦繡綺縠雜帛一萬八千疋、絮一萬六千斤。八年以後，呼韓邪單于的兒子復株累若鞮單于入朝時，漢王朝又贈送他錦繡綺帛二萬疋，絮二萬斤。此外還有糧食、酒麴、各種工藝品，還有笙竽箜篌等樂器。如果東漢時贈送匈奴的禮物是按照西漢的例子，那麼還有大宮御食醬及橘、龍眼和荔枝等水果。由此看來，王昭君到了匈奴以後是不會變成野蠻人的。

　　當然，王昭君也知道她到了匈奴以後，會要進入呼韓邪單于的帳幕，但她知道呼韓邪單于並不是漢王朝的敵人，而是第一個派遣侍子居在長安的匈奴單于，是第一個親自款塞入朝的匈奴單于，是一個和漢王朝締結「漢與匈奴，合為一家，世世毋相攻詐」的友好盟約的匈奴單于，也是第一個帶着蒙古草原這一大片土地加入大漢帝國的匈奴單于。她還沒有後來詩人、戲劇家那樣妄自尊大的大民族主義思想，覺得出嫁這樣一個匈奴單于，就替民族國家帶來了屈辱。

七

　　文學的感染力是很大的，特別是戲劇。一個戲劇家在歷史劇中的虛構可以從人們的頭腦中擠掉歷史的真實。我對於王昭君的印象，就不是《漢書》《後漢書》給我的印象，而是戲

劇家給我的印象。只是提到王昭君，我就想到三十多年前在長沙看過的一齣《昭君出塞》。到現在，我還記得那個扮演王昭君的姑娘的一副愁眉苦臉，特別是她的一雙為漢元帝流淚的眼睛，雖然沒透在沉重的痛苦之中，仍然閃出青春的光亮。我當時覺得，現在還是覺得，用這樣一雙眼睛為一個死了近兩千年的皇帝流淚，實在太可惜了。然而更可惜的是一直到現在，王昭君還是為漢元帝流着眼淚。

已經有近兩千年了，昭君出塞一直被當作民族國家的屈辱，王昭君一直為着這種屈辱而向她的皇帝陛下流着眼淚。過去的詩人、戲劇家用大民族主義的態度對待昭君出塞這個事件，用封建道德觀念要求王昭君這個人物，這是他們的古為今用，是他們的藝術實踐，是他們的時代精神和階級意識在民族關係問題上的集中表現。現在如果再把昭君出塞說成是民族國家的屈辱，再讓王昭君為一個封建皇帝流着眼淚並通過她的眼淚去宣傳民族仇恨和封建道德，那就太不合時宜了。應該替王昭君擦掉眼淚，讓她以一個積極人物出現於舞台，為我們的時代服務。

（原載《光明日報》，1961 年 2 月 5 日）

王莽和王莽改制應如何評價

王莽是一個最大的政治野心家，也是西漢末封建貴族集團中的一個比較有見識的人物。

在封建正統主義史學家的筆下，王莽一直被描寫成為一個典型的偽君子、篡竊者而受到譴責和辱罵，主要就是因為他篡竊了西漢的政權。在這些史學家看來，當一個地主家族坐上了皇帝的寶座以後，它就應該子孫萬代佔據這個寶座；誰要把它的後代從寶座上拉下來，誰就應該受到譴責和辱罵。但是在我看來，一個封建貴族利用時機去奪取政治權力，最後迫使他的陛下重複一次堯舜禪讓的故事，實在引不起什麼義憤。因此，「王莽篡漢」這件事，對於王莽的評價並不重要；重要的是王莽改制，因為這件事，關係到當時人民的生活。

當西漢統治集團腐爛到發臭的時候，王莽能看到當時社會的主要危機是土地的高度集中，以及由此而引起的大批農民從自己的土地上被排除出來成為不生產的流民，乃至淪為奴隸；

並且看出了要搶救地主階級臨於崩潰的統治，必須在政治經濟上進行一次改革，因而提出了改制的問題，特別是如何阻止土地繼續集中和農民繼續奴隸化的問題，這不能說王莽在當時統治集團中不是一個獨具卓見的人物。

王莽改制的主要內容是王田、奴婢。據《漢書‧王莽傳》說：王莽下詔「更名天下田曰王田，奴婢曰私屬，皆不得賣買。其男口不盈八而田過一井者，分餘田予九族鄰里鄉黨。故無田今當受田者如制度。」這裏所謂「更名天下田曰王田」並不是恢復井田制，更不是廢除土地私有制，只是禁止土地兼併的繼續進行，並把大地主的土地拿出一部分來分給沒有土地的農民，讓農民回到土地上以穩定封建秩序。奴婢不得買賣的法令也不是解放奴婢，只是企圖凍結奴婢的買賣，防止貧窮的農民繼續奴隸化。這兩條雖然都沒有辦到，但當時他制定政策的主觀目的是如此。

除了王田奴婢以外，還有五均六莞。所謂五均，據《漢書‧食貨志》所載，就是在長安及洛陽、邯鄲、臨淄、宛、成都五大都市設五均司市師，由諸司市負責平抑物價、兼辦賒貸。所謂六莞據《漢書‧食貨志》所載，是把鹽、鐵、酒、名山大川、錢布銅冶、五均賒貸等由政府經營。推行五均六莞的目的，是為了打擊囤積居奇、高利盤剝的富豪，穩定社會秩

序，正像王莽在詔書上所說的「今開賒貸，張五均，設諸斡者，所以齊眾庶，抑併兼也」[1]。

此外還有幣制的改革等等。

很明顯，王莽推行的經濟改革，不論是王田、奴婢，或者是五均六莞，打擊的對象都是大地主、大商人。王莽改制的主觀目的，當然不是為了農民的利益，而是企圖強制大地主、大商人做出一定程度的讓步，使封建經濟得到適當的調整，藉以緩和當時已經激化了的階級矛盾。更明白些說，就是企圖犧牲個別大地主、大商人的眼前利益來重新穩定瀕於崩潰的整個地主階級的統治。但是如果能夠實現，在客觀上是對農民也有利的。正因如此，所以他遇到了當時的大地主、大商人的頑強反抗而陷於全盤失敗。

至於王莽對於他的每一項改革，都附會於聖經賢傳上的說教，這不是復古，而是託古改制。王莽為什麼要託古，為什麼要「誦六藝以文奸言」[2]，這個問題很容易解釋。因為自漢武帝尊儒術，黜百家以後，儒家學說取得了最尊崇的地位；誰要不尊重儒家學說，誰就是離經叛道，就要受到輿論的指責。所以

1　《漢書‧食貨志》（下）。

2　《漢書‧王莽傳‧贊》。

王莽必須把儒家學説這面旗幟抓在手裏。抓住了這面旗幟，他就可以把他的反對派放在不合法的地位。如果有人反對，他就可以加他一個非聖無法，離經叛道的罪名而把他肆諸市曹，投諸四裔。王莽託古的目的如此而已。

　王莽的車子是向前開的，他希望把他的車子開到他理想中的新朝；但中途遇到了大地主大商人的強烈反對，被迫折回。歷史的車輪是不走回頭路的，在折回的時候，他翻了車，被壓死在歷史車輪之下。

（出自《秦漢歷史上的若干問題》，1964 年 5 月）

論東漢末的黨錮之禍

—— 中國士大夫所領導的第一次政治抗爭

一

當東漢末桓、靈之際，中國曾發生了一次大規模屠殺士大夫的慘案，歷史家稱之曰黨錮之禍。

黨錮之禍，是中國士大夫第一次出現於政治鬥爭的前線，也是中國十大夫所領導的政治抗爭之第一次的失敗。這件事雖然已經成了歷史的陳跡，但是它卻提出了一個問題，即士大夫為什麼要出現於政治鬥爭的前線？

我們知道，士大夫的階級屬性，大半都是地主或小所有者，他們都有足以保證其生活的土地或小小的田園，進可以升官發財，退亦可以活命。所謂「達則兼善天下，窮則獨善其身」，正是中國士大夫的人生觀。即因他們進退有據，可窮可達，所以他們是社會中最富於彈性或忍耐性的一個階層。同

時，中國的士大夫，都讀過聖賢之書，知道「君臣之義，無所逃於天地之間」，所以即使皇帝混蛋一點，政治黑暗一些，他們都能安之若素；最了不得的表示，也不過是逃避山林，去當隱士。因此，當士大夫出現於政治鬥爭的前線、發動政治抗爭的時候，這就充分地說明了當時政治的暴虐與黑暗已經不僅為貧苦的農民所痛恨，而且也為有教養的地主和小所有者所不能忍受了。東漢末年的中國士大夫之出現於政治鬥爭的前線，正是這一歷史原理的說明。

具體的史實指示出來，東漢的政權，自安帝以後，由於四周諸種族的叛變，土地的兼併與天災的流行，已經走上了沒落的道路，降至桓靈之際，外戚宦官相繼爬上政治舞台，貪污腐化，暴虐恣睢，遂使東漢的政權崩潰決裂，陷於不可收拾的境地了。

據史載，桓帝繼位以後第一道詔令，便是大封外戚。當時，外戚梁冀官至大將軍，食邑四縣，大將軍府的官屬，倍於三公。政府又賞賜梁冀金錢、奴婢、彩帛、車馬和甲等的第宅。並且特許梁冀「入朝不趨，劍履上殿，謁贊不名，禮儀比蕭何」[1]。在朝會時，與三公絕席（不站在同一席子上），十天到尚書台辦公一次。當時，事無大小，都要梁冀批准，才能執

---

1 《後漢書·梁統列傳·梁冀傳》。

行，不但文武百官的升遷須要梁冀裁可，就是皇帝的衞隊，也由梁冀派遣。梁冀的兄弟、兒子和孫子，都受封為萬戶侯。梁冀之妻孫壽亦封襄城君，兼食陽翟租，歲入五千萬。總計梁氏一門，「前後七封侯，三皇后，六貴人，二大將軍，夫人、女食邑稱君者七人，尚公主者三人，其餘卿、將、尹、校五十七人」[1]。子弟、親戚、賓客，佈在列郡；其奴秦宮，亦官至太倉令。梁冀在位二十餘年，窮極滿盛，威行內外，百僚側目，莫敢違命，就是天子也只恭己而不得有所親豫。

在封建時代，皇帝的一條小狗也是人民的上帝；而況是與皇帝有連皮帶肉的關係的外戚。在封建時代一條裙帶，已經足夠把他的兄弟子侄拖上金鑾寶殿，而況梁冀還有九條裙帶。因而當時梁冀就仗着這種皮肉的關係，變成了政治上第一等的要人。他把他姊妹的媚態轉化為他的權威，毫無忌憚地貪污無恥。他不僅剝削貧苦的農民，同時也公然綁架富豪。據史載，當時梁冀綁架扶風富人孫奮，便得錢一億七千餘萬。此外四方徵發，都有他一份，而且他的一份，比皇帝的還要值錢。特別是賣官的收入，更為龐大。所以後來梁冀誅死以後，政府拍賣他的財產，其價值竟達三十餘萬萬，以充王府經費，減天下租稅之半。

---

1 《後漢書・梁統列傳・梁冀傳》。

不僅梁冀本人貪污，他所引用的親戚賓客無不貪污。例如梁冀的妻黨孫氏，冒名而為中央及地方官者十餘人，皆貪污殘暴。此輩各派家奴逮捕其屬縣的富人，綁票勒索，出錢少者，則誣以他罪而致之於死。實際上，當時外戚之黨，佈滿朝廷，散在郡縣，這從梁冀誅死以後，其所株連之多，可以證明。據說：「其他所連及公卿列校刺史二千石死者數十人，故吏賓客免黜者三百餘人，朝廷為空。」[1]由此可以想見當時的天下，竟是誰家的天下。

奢侈和貪污是不可分的。據史載，當時梁冀的驕奢淫佚，真是驚人。他在當時的首都——洛陽城裏，大起第宅，其妻孫壽亦對街為宅，殫極土木，互相誇競。堂寢皆有陰陽奧室，連房洞戶，柱壁雕鏤，加以銅漆。窗牖皆有綺疏青瑣，圖以雲氣仙靈。台閣周通，更相臨望；飛樑石蹬，陵跨水道。在這富麗堂皇的第宅裏面，各有「藏室」，在「藏室」裏，堆滿了金玉珠璣，異方珍怪。又有「廏房」，在「廏房」裏，豢養着外國來的「汗血名馬」。此外，又廣開園囿，採土築山，十里九阪，以象二崤[2]。深林絕澗，有若自然，奇禽馴獸，飛走其間。

1　《後漢書·梁統列傳·梁冀傳》。

2　二崤，山，在今河南靈寶東南的崤山，東為土崤，西為石崤。

每當春秋佳日，梁冀夫婦，共乘輦車，張羽蓋，飾以金銀，遊觀第內，多從倡伎，鳴鐘吹管，酣謳竟路。或連繼日夜，以騁娛恣。當此之時，梁冀着埤幘，狹冠，折上巾，擁身扇，狐尾單衣。其妻孫壽善為妖態，作愁眉，啼妝，墮馬髻，折腰步，齲齒笑，以為媚惑。若於此時，有客來拜，例不得通。客人賄門者，門者累千金。

> 又多拓林苑，禁同王家。西至弘農，東界滎陽，南極魯陽，北達河、淇，包含山藪，遠帶丘荒，周旋封域，殆將千里。又起菟苑於河南城西，經亘數十里，發屬縣卒徒，繕修樓觀，數年乃成。移檄所在，調發生菟，刻其毛以為識。人有犯者，罪至刑死。嘗有西域賈胡，不知禁忌，誤殺一菟，轉相告言，坐死者十餘人。[1]

> 又起別第於域西，以納奸亡。或取良人，悉為奴婢，至數千人，名曰「自賣人」。[2]

> 又遣客出塞，交通外國，廣求異物。因行道

---

1 《後漢書・梁統傳・梁冀傳》。

2 《後漢書・梁統傳・梁冀傳》。

路，發取伎女御者，而使人復乘勢橫暴，妻略婦
女，毆擊吏卒，所在怨毒。[1]

　　當時的梁冀，不僅殘害人民（從貧民到富豪），而且也威脅
着皇帝。皮肉的關係，究竟敵不過權利的衝突。到延熹二年，跟
着梁后死，裙帶斷，皇帝便在家奴的支持之下，發動了政變，把
梁氏一門，無分男女老少，斬盡殺絕了。但是從外戚手中接受政
權的，不是皇帝，而是宦官。外戚絕了種，奴才又當權。

　　據史載，當時主謀誅梁嵩的宦官——單超、徐璜、具瑗、
左悺、唐衡五人，同日封侯，世稱之曰「五侯」。又小宦官劉
普、趙忠等八人，亦封鄉侯。此外，以冒誅梁冀之功而封侯
者，尚有侯覽等。宦官登台以後，他們的威風並不減於外戚。
當時天下為之語曰：「左回天，具獨坐，徐臥虎，唐兩墮。」[2]
只有單超早死，沒有編入人民的歌謠。

　　宦官這種東西，是中國封建史上的特色。這種東西之出現
為政治上的要人，就是當時封建政權走向了崩潰道路的特徵，
因為只有在封建政權走向崩潰道路的時候，當時的皇帝才會不

1 《後漢書‧梁統傳‧梁冀傳》。
2 《後漢書‧宦者列傳‧單超傳》。

相信任何臣民，而把自己的政權，委之於宦官。為什麼？因為宦官是割去了生殖器的奴才，這種奴才，一入宮廷，便斷絕了任何關係，他沒有父母，沒有妻子，沒有朋友，沒有親戚，只有一個領袖——皇帝。中國講五倫，這種東西，只有一倫——君臣之倫。即因如此，所以皇帝相信他們，而且他們又最接近皇帝；同時，又能在皇帝的拳打腳踢的侮辱之下，表現笑容。因而每當封建政權臨於崩潰之際。皇帝便依仗他們作為最後的打手。從而他們便能一隻手拿着皇帝的尿盆，另一隻手掌握着全國人民生命財產的大權。

從外戚政治到宦官政治，其意義只是宣告貪官污吏的換班而已。據史載，當時五候，或養疏屬，或養異姓為子，或養蒼頭為子，並以傳國襲封，兄弟姻戚，宰州臨郡，辜較百姓，與盜賊無異。單超之弟為河東太守，左悺之弟為陳留太守，具瑗之兄為沛國相，皆所在蠹害。徐璜之姪徐宣為下邳令，暴虐尤甚。宦官侯覽，「依勢貪放，受納貨遺，以巨萬計」[1]。「貪侈奢縱，前後請奪人宅三百八十一所，田百十八頃。」[2]「小黃門段珪，家在濟陰，與（侯）覽並立田業，近濟北界。僕

1　《後漢書・宦者列傳・單超傳》。

2　《後漢書・宦者列傳・單超傳》。

從賓客侵犯百姓，劫掠行旅。」[1] 總之，當時「五侯宗族賓客，虐遍天下」[2]。他們黨羽，「發求民間，至夜不絕，或狗吠竟夕，民不得安」。

這些宦官，就用白晝打劫，黑夜殺人的方法，封百姓的房產，奪百姓的田地，而成為暴富。他們暴富之後，也和外戚一樣，「皆競起第宅，樓觀壯麗，窮極伎巧，金銀罽，施於犬馬。多取良人美女以為姬妾，皆珍飾華侈，擬則宮人。其僕從皆乘牛車而從列騎」[3]。據說當時侯覽「起立第宅十有六區，皆有高樓池苑，堂閣相望，節以綺畫丹漆之屬。制度重深，僭類宮省。又豫作壽冢，石椁雙闕，高廡百尺；破人居室，發掘墳墓；虜奪良人，妻略婦子」[4]。諸如此類，不勝枚舉。

由於外戚宦官之輪班搜奪，於是天下財富，從農村集中首都，從政府的國庫轉移到私人的錢櫃。洛陽變成了金穴，而全國農村則變成了一片沙漠；外戚宦官變成了傾國的豪富，而農民乃至小所有者則變成了赤貧；所以當時陳蕃說：「當今之世

1　《後漢書‧宦者列傳‧單超傳》。

2　《後漢書‧宦者列傳‧侯覽傳》。

3　《後漢書‧宦者列傳‧單超傳》。

4　《後漢書‧宦者列傳‧侯覽傳》。

有三空之厄哉！田野空，朝廷空，倉庫空。」[1]

　　為了挽救社會的危機，當時的政府也曾以其剝削農民之所得，轉而施行所謂「賑濟政策」。但是膏藥貼不住地震，農民暴動不煽而起者遍天下。據史籍所載，自桓帝以迄靈帝之初，農民暴動連年都有。如劉文、李堅、陳景、裴優、李伯、公孫舉、勞丙、叔孫無忌、李研、胡蘭、朱蓋、蓋登、戴異、許生等，都先後出現為農民暴動的領導人物。他們在山東、河南、安徽、江蘇、陝西、四川、湖南，到處攻陷城市，誅殺貪官污吏。到桓帝末年，甚至在堂堂的首都，也有了暴動的「火光轉行」。這樣的情形，當然是農民大暴動的預告。

　　就在這樣危急的局面之前，當時的士大夫起來了，他們展開了反宦官的政治鬥爭。而這到後來，便演成了中國史上有名的黨錮之禍。

二

　　外戚宦官走進朝堂，士大夫就必須退回田裏，這幾乎是中國史上的一個規律。

---

1 《後漢書・陳蕃傳》。

據史載，東漢自順帝時起，當時的士大夫就相率毀裂冠帶，避跡深山。到桓帝時，跟着政治之進一步的黑暗，那些有教養的士大夫，他們要逃出這個罪惡的世界，就像要逃出地獄一樣，因而就更加擴大了這個零落的小所有者之群。這些士大夫逃入山林以後，或躬自耕稼，非其力不食；或苦身修節，隱居講學，過度所謂「隱士」的生活。他們自以為從此與人無爭，與世無涉；誰知現實是逃避不了的，他們要逃避現實，而現實卻要追逐他們。不久安車玄纁，又絡繹於深山窮谷之中，要敦請這些逃避者回到朝堂，不是要他們主持國家大政，而是要請他們替宦官政治歌功頌德，歌頌宦官的殺人與放火，歌頌他們的白晝行劫，當眾姦淫，歌頌他們一切無廉恥、無人性的下流行為。但是士大夫究竟讀過聖賢之書，知道何謂廉恥，所以寧肯餓死，也不願與奴才為伍。據史載，桓帝曾派安車去徵聘處士徐樨、姜肱、袁閎、韋著、李曇五人，結果都是空車回來。又徵安陽魏桓，也不來。這些事實，就證明了桓、靈時期的政治，已經為士大夫所不齒了。

士大夫之最大的忍耐性，是建築在他們都有「獨善其身」的小小田園的經濟基礎之上；但到桓、靈之際，這種經濟基礎也被外戚、宦官剝削殆盡了。現在他們已經到了「食無求飽」的境遇。他們和貧苦農民不同的，就是他們還有一件破舊

的長衫。到了這個時候，士大夫如果再忍耐，就是一聲不響地餓死。但是士大夫不願無聲而死，所以東漢末的士大夫展開了積極的反宦官政治的抗爭。《後漢書‧黨錮列傳》云：「逮桓、靈之間，主荒政繆，國命委於閹寺，士子羞與為伍，故匹夫抗憤，處士橫議，遂乃激揚名聲，互相題拂，品核公卿，裁量執政，婞直之風，於斯行矣。」

士大夫反宦官的政治抗爭，在桓帝末年，在陳蕃、竇武、李膺、劉淑等的領導之下，廣泛地展開了。在當時，所有有正義感的士大夫，幾乎都參加了這個鬥爭。這些士大夫因為喊出了人民的要求，每一個人都是一樹正義的旗幟。《黨錮列傳‧序言》有云：當時「海內希風之流，遂共相標榜，指天下名士，為之稱號。上曰『三君』，次曰『八俊』，次曰『八顧』，次曰『八及』，次曰『八廚』，猶古之『八元』『八愷』也。竇武、劉淑、陳蕃為『三君』。君者，言一世之所宗也。李膺、荀昱、杜密、王暢、劉祐、魏朗、趙典、朱寓為『八俊』。俊者，言人之英也。郭林宗、宗慈、巴肅、夏馥、范滂、尹勳、蔡衍、羊陟為『八顧』。顧者，言能以德行引人者也。張儉、岑晊、劉表、陳翔、孔昱、苑康、檀敷、翟超為『八及』。及者，言能導人追宗者也。度尚、張邈、王考、劉儒、胡母班、秦周、蕃向、王章為『八廚』。廚者，言能以財救人者也。」

在上列士大夫中，有在野的名流，有在朝的中下級官吏（也有高級官吏），也有太學的學生。總之，在當時，所有社會各階層，無不痛恨這個反動的政府，無不要求這個政府略加改良。而成為改良之障礙的，則為宦官，只要說反對宦官，沒有一個人不舉起雙手的。

當時的中下級官吏為什麼要反對宦官？因為這些中下級官吏，有不少是出身於小所有者的家庭，他們雖參加統治機構，仍然是受壓迫的一群，他們既受宦官的壓迫，又受商人地主的壓迫。前者如白馬令李雲，弘農杜眾，即因彈劾宦官而被處死刑；後者如南陽太守成瑨，即因刻舉豪右而徵詣廷尉抵罪。同時，他們的薪俸也非常之少，已經不能活命，所以他們對現狀不滿。他們看到處士橫議，匹夫抗憤，膽子也大起來了，因而開始在現實的政治上，去制裁宦官和與宦官狼狽為奸的商人地主。例如史載當時河東太守劉祐，其屬縣令長，多為宦官子弟，百姓患之。祐到任，黜其權強，平理冤獄。魏朗為彭城令時，宦官子弟為國相，多行非法。朗更相章奏，檢舉其罪惡。苑康為太山太守，時群內豪姓多不法。苑到任，追還諸豪姓前所奪人之田宅。諸如此類，不勝枚舉。

中國的知識青年第一次出現於政治鬥爭前線的，就是東漢末的太學生。東漢至桓帝時，太學生已有三萬餘人。在這些

太學生中，有不少小所有者家庭中的子弟。他們感到自己家世的沒落和政治前途的暗淡，也覺得政治有改良的必要。當時郭泰、賈彪出現為學生運動的領導人物；郭泰一方面在太學生中進行反宦官政治的組織與宣傳；另一方面，又從社會上吸引大批小所有者的子弟，使之進入太學，以擴大自己的隊伍。例如陳留茅容，本為農夫；巨鹿孟敏，本為擔賣陶器的小販；陳留申屠蟠，本為油漆工人；鄢陵庾乘，本為看門的廝役；皆因郭泰的援引，先後進入太學為學生。此外，出身於屠沽卒伍之士，因郭泰之援助而入太學者，尚不知有若干人。這樣，當時的太學，便變成了零落的小所有者政治活動的中心。

在桓帝末，這些太學生便出現於政治鬥爭的前線，他們發動了兩次大規模的政治請願。第一次是在永興元年的七月，這一次是為了朱穆的案子。據史載，朱穆為冀州刺史，時冀饑荒，人民流亡者數十萬，而宦官趙忠，喪父歸葬，僭為玉匣。朱穆下郡按驗，吏發墳墓，剖棺出之。皇帝聽了，大為震怒，徵朱穆下獄，罰作苦工[1]。這件事，引起了學生的憤怒，於是太學生劉陶等數千人，走到皇宮之前請願，並上書為朱穆訴冤。其書有曰：「當今中官近習，竊持國柄，手握王爵，口含

1　《後漢書・朱穆傳》：「輸作左校」。李賢註：「左校，署名，屬將作，掌左工徒。」

天憲。運常則使餓隸富於季孫；呼噏則令伊、顏化為桀、跖[1]。而穆獨亢然不顧身害，非惡榮而好辱，惡生而好死也，徒感王綱之不攝，懼天網之久失，故竭心懷憂，為上深計。臣願黥首繫趾，代穆校作。」[2] 第二次是在延熹五年，這一次是為了皇甫規的案子。據史載，皇甫規平羌有功，因宦官徐璜、左悺向之敲詐不遂而誣以「餘寇不絕」之罪，也是被判決要罰作苦工，因而又有太學生張鳳等三百餘人的大請願，皇甫規因此得以赦免。由此看來，當時的太學生，是以何等英勇的姿態，出現於東漢末年的歷史。

由於在野的處士，在朝的中下級官吏和當時的太學生三種力量的平行發展，相互聲援，於是就形成了士大夫反宦官政治的浪潮。在鬥爭的高潮中，接連發生了幾件嚴重的事件：一件是南陽太守成瑨與其功曹岑晊，誅殺了一個與宦官勾結「用勢縱橫」的商人地主張汜；一件是太原太守劉瓆誅殺了一個「貪橫放恣」的小宦官趙津；再有一件，是山陽太守翟超沒收了宦官侯覽的家財；還有一件是東海相黃浮誅殺了一個曾經射殺太守李嵩之女的宦官徐宣及其一家老幼。這幾件事，當然要引起

1　季孫，春秋魯國執政；伊，伊尹；顏，顏回；桀，夏桀；跖，盜跖。

2　《後漢書・朱穆傳》。

宦官與豪強地主的憤怒，結果，成瑨、劉瓆誠心去惡而反伏歐
刀，翟超、黃浮奉公不撓而並蒙刑坐。天下之人，無不冤之。

　　宦官的反攻，日益兇猛，恰恰又發生了張成的事件，於是
黑天的黨獄，遂發生了。據《後漢書・黨錮列傳・序言》云：
「時河內張成，善說風角，推占當赦，遂教子殺人。李膺為河
南尹，督促收捕。既而逢宥獲免，膺愈懷憤疾，竟案殺之。
初，成以方伎交通宦官，帝亦頗諮其占。成弟子牢修因上書誣
告膺等養太學遊士，交結諸郡生徒，更相驅馳，共為部黨，誹
訕朝廷，疑亂風俗。於是天子震怒，班下郡國，逮捕黨人。佈
告天下，使同忿疾。遂收執膺等。其辭所連及陳寔之徒二百餘
人。或有逃遁不獲，皆懸金購募。使者四出，相望於道。」[1] 當
此之時，皇帝的詔令，迫切州郡，髡笞掾史。從事坐傳舍，鉤
捕黨人。州郡為了報命，只有亂捕善良。只要是一個士大夫，
就加他一頂黨人的帽子，而予以逮捕。所以，當時每一州郡，
所捕黨人，多者至數百。

　　天下士大夫，幾乎一網打盡。當時只有平原相史弼，未捕
一人。使者責曰：「青州六郡，其五有黨，……平原何理而得
獨無？」史弼曰：「先王疆理天下，畫界分境，水土異齊，風

---

1 《集解》惠棟曰：《考異》云：「膺時為司隸，非尹也。」

俗不同。它郡自有，平原自無，胡可相比？若承望上司，誣陷良善，淫刑濫罰，以逞非理，則平原之人，戶可為黨，相有死而已，所不能也。」[1] 實際上當時所捕的「黨人」，都是一時的人望，誠如陳蕃所云：「今所考案，皆海內人譽，尤國忠公之臣。此等猶將十世宥也，豈有罪名不彰而致收掠者乎？」[2]

黨獄一天天擴大。當時，太學生首領賈彪乃潛入洛陽，求援於城門校尉竇武。竇武是一個有正義感的外戚。他看到宦官魚肉天下的士大夫，也感到不平。乃上書皇帝，請赦黨人。其書有曰：「膺等建忠抗節，志經王室，此誠陛下稷、卨、伊、呂之佐：而虛為奸臣賊子之所誣枉，天下寒心，海內失望。惟陛下留神澄省，時見理出，以厭人鬼喁喁之心。」[3] 同時尚書霍諝等亦為「黨人」訴冤。宦官見天下輿論譁然，乃於次年赦黨人二百餘人，放歸田裏，書名三府，禁錮終身，永不錄用。從此以後，正直廢放，邪枉熾結。滿朝文武，盡是奴才。雖然如此，而當時士大夫，仍然高尚其道而污穢朝廷，沒有一個人向宦官投降。這種為正義而鬥爭的高風亮節，是值得他們的後輩

1 《後漢書·史弼傳》。

2 《後漢書·黨錮列傳》。

3 《後漢書·竇武傳》。

學習的。

士大夫的災難，並不到此為止。桓帝死，靈帝立，勝利的宦官威風更大，侯覽、曹節、王甫、鄭颯、公乘昕等與靈帝的乳母趙嬈及諸女尚書，相互奸妍，穢亂宮廷；操弄國柄，荼毒海內。為了鞏固他們反動的政權，於是發動政變，展開對士大夫的大規模屠殺。在這次政變中，士大夫的領袖大將軍竇武、太尉陳蕃均被害，太學生被屠殺者數十人。

到建寧二年十月，再興黨獄，於是李膺、杜密、虞放、朱寓、荀昱、翟超、劉儒、范滂等百餘人，俱被誣殺，妻子皆徙邊，天下豪傑及傳家有行義者，一律加他一頂黨人的帽子，或殺，或徙，或廢禁者，又有六七百人。當時，郭泰私為之慟曰：「『人之云亡，邦國殄瘁。』『瞻烏爰止，不知於誰之屋』耳。」[1]

士大夫的災難還沒有終止。熹平五年，永昌太守曹鸞上書為黨人訟冤。其書曰：「夫黨人者，或耆年淵德，或衣冠英賢，皆宜股肱王室，左右大猷者也；而久被禁錮，辱在塗泥。……所以災異屢見，水旱薦臻，皆由於斯。宜加沛然，以副天心。」[2]這一封奏書，又激怒了宦官，除將曹鸞免職，掠

---

1 《後漢書·郭太傳》。

2 《資治通鑒·漢紀》靈帝熹平五年。

死黑獄，又詔州郡更考黨人及其門生、故吏、父子、兄弟之在位者，悉免官禁錮，爰及五屬。從此以後，當時有氣節的士大夫，遂無遺類；而中國的文化也為之凋殘。

　　現在，留在東漢朝廷中的，只是一群戴着人冠的狗子。據史載，靈帝時，「省內冠狗帶綬，以為笑樂。有一狗突出，走入司徒府門，或見之者，莫不驚怪。……後靈帝籠用便嬖子弟，永樂賓客。鴻都群小，傳相汲引。公卿牧守，比肩是也。又遣御史於西邸賣官，關內侯顧五百萬者，賜與金紫；詣闕上書占令長，隨縣好醜，豐約有賈。強者貪如豺虎，弱者略不類物，實狗而冠者也。司徒，古之丞相，壹統國政，天戒若曰：『宰相多非其人，屍祿素餐，莫能據正持重，阿意曲從。今在位者皆如狗也。故狗走入其門。』」[1]

三

　　東漢末年，士大夫反奴才政治的抗爭是失敗了；他們留下來的只是一頁血肉狼藉的歷史。但是他們的鮮血，卻寫成了一篇慷慨悲壯的政治宣言。在這血寫的宣言中，明白而有力地指

1　《後漢書·五行志》。

出了當時的暴虐與黑暗的政治已經沒有改良的希望。換言之，當時的反動政權決不接受任何修改的建議；它一定要堅持反動，而且要反動到底。如果人民不能忍受這種反動，惟一的辦法，只有武裝暴動。因此，跟着「黨錮之禍」而來的，再不是「匹夫抗憤」，「處士橫議」，「學生請願」，而是「黃巾的大暴動」；再不是士大夫被屠殺，而是屠殺者被屠殺了。

跟着東漢的士大夫之後，中國的士大夫，繼續不斷出現於政治鬥爭的前線，發動改良運動。例如在宋則有王安石的熙寧變法，在清則有康有為、梁啟超的戊戌變法。這些運動，在本質上都是改良運動，不是革命運動；但是都不能為當時的反動派所接受。結果，都和東漢的士大夫一樣，「衣冠填於階陛，善類殞於刀鋸」，一個跟着一個失敗了。不過，跟着他們的失敗而來的，也和東漢一樣，再不是士大夫的哭臉，而是農民的大刀。例如跟着王安石熙寧變法的失敗而來的，是宋江、方臘的大暴動；跟着康、梁戊戌變法的失敗而來的，是辛亥大革命。

（原載上海《理論與現實》第三卷第二期，1946 年 7 月 25 日）

邊疆各族的叛變與東漢統治的動搖

東漢的政權，到和帝時，便發展到全盛時代的頂點。當此之時，帝國的光輝，正如麗日中天，照射瀛寰。「北燮丁零，南諧越裳，西包大秦，東過樂浪，重舌之人九譯，金稽首而來王。」當時助長了國內外諸種族之經濟的發展與文化的交流，從而使中國歷史向前再進一步。

可是這樣的全盛時代，並不久長。跟着和帝一死，安帝即位，東漢的政權便開始腐爛的過程。自安帝而後，歷順、沖、質以至桓、靈之際，這個政權便以日益疾速的步調，向着沒落的前途邁進。跟着一代接一代的母后稱制，外戚專政，宦官禍國，於是這個龐大的帝國就在小所有者的抗議、農民暴動之中，趨於瓦解了。

從開國以來就沒有解決的土地問題，到和帝時跟着貴族、官僚、商人地主之收奪，已經達到了嚴重的階段。當時社會經濟的矛盾之所以沒有決裂，一方面是因為其時方當盛漢之隆，

帝國的政府，還能發揮出強大的政治強制力，行使其高壓政策；另一方面，也是由於帝國政府還掌握着龐大的生活資料，得以行使其恩惠政策。還由於當時城市手工業生產的發達，擴大了手工業生產的規模，使一部分失掉了土地的貧農，可以把手工業作坊當作他們臨時的避難所。換言之，在當時，商業資本一面從農村中驅逐農民，一面又在城市中收容農民，雖然被收容者不及被驅逐者的數目之多，但總是收容了一部分。剩下來的一部分，或則在政府的高壓政策之下，投入牢獄，放諸四裔，乃至綁赴刑場；或則在政府的恩惠政策之下，淪為奴婢，流離道路，乃至轉死溝壑。這就是和帝時社會經濟的矛盾應該決裂而沒有決裂的原因。

這樣看來，東漢的社會，到和帝時，已經全身發炎，不過還沒有潰爛而已。所以一到安帝時，這個膿皰便潰爛了，歷順帝以至桓、靈之際，於是東漢的社會，便是膿血淋漓，滿身爛瘡了。

東漢的社會，何以自安帝起便開始潰爛呢？歷來的史學家，都以為其原因是由於母后稱制，外戚專政，宦官禍國。誠然，母后、外戚、宦官這一類身份的人物之出現為政治上的要人，確是政權腐敗之鮮明的標誌。但是這些人物之所以出現，並不是政權腐敗的原因，而是政權已經腐敗了的表像。他們正

如爛瘡中的蛆蟲，蛆蟲固然可以使爛瘡擴大，但必須先有爛瘡，而後蛆蟲始能發生，所謂「物必先腐而後蟲生之」，正是這個道理。

具體的史實指示出來，在東漢初，也有母后、外戚和宦官，但都沒有成為政治上的要人，這就是因為當時東漢的政權，尚未腐敗。非常明白，母后的稱制，就指明了英明的君主之消滅；而外戚、宦官等之登上政治舞台，就指明了當作一個社會層的政權，已經縮小到皇帝的親戚和家奴的手中。所謂英明的君主之消滅，並不是皇族中忽然生出一些傻子，或白癡，而是從皇族中有意選定一個傻子或白癡放在寶座上。因為只有如此，在皇帝寶座的後面，才有母后的座位。只有母后出現於皇帝寶座的背後，然後外戚才能緣着裙帶的關係，爬上金鑾寶殿，同時那些宮庭中的男女奴才們，也才有口啣天憲的機會。

同時母后、外戚、宦官之出現為政治上的要人，還有兩個必要具備的條件。第一，必須在集權政治之下；第二，必須集權政治臨於腐化之際。因為在集權政治之下，皇帝的一條小狗都是人民的上帝，何況他的奴才，何況他的親戚，更何況他的皇后。但是在集權政治的全盛時代，這一類的人物也不過被皇帝奴蓄而婢養。正如章帝之罵竇憲：「國家棄憲，如孤雛腐鼠

耳。」[1] 只有當集權政治腐化之時，即當皇帝不但不相信農民，而且對自己的任何臣屬也不相信的時候，這一些的人物，便成了政治上的主角。反之，只要這些人物一出台，這個王朝，也就準備閉幕了。明乎此，然後我們才能理解東漢中葉以後的歷史。

作為東漢政權走向崩潰的主要原因，非常明白，首先是由於諸羌的叛變。諸羌的叛變，不僅崩壞了東漢帝國的一角，而且截斷了中原通達塔里木盆地及中亞的國際商路，動搖了東漢對西域的統治。據史籍所載，東漢自安帝時起，諸羌之族，如勒姐、當煎大豪東岸、麻奴兄弟、滇零、鍾羌諸種，因不堪東漢官吏和地主的壓榨，群起叛變，大為寇掠，遮斷隴道。安帝曾派遣大軍前往討伐，但被羌人殺得大敗。自是諸羌聲勢大震，乘勝進襲，西據甘肅，南入四川，東犯陝西。其勢洶洶，不可制服。[2] 以後東漢政府。被迫而改取守勢、堅壁清野，與羌

---

1 《後漢書·竇融傳附竇憲傳》。

2 《後漢書·西羌傳》云：「冬，遣車騎將軍鄧騭，征西校尉任尚副。將五營及三河、三輔、汝南、南陽、潁川、太原、上黨兵合五萬人、屯漢陽。明年春、諸郡兵未及至。鍾羌數千人先擊敗騭軍於冀西，殺千餘人。……其冬，騭使任尚及從事中郎司馬鈞，率諸都兵與滇零等數萬人戰於平襄，尚軍大敗，死者八千餘人。於是滇零等自稱『天子』於北地，招集武都、參狼、上郡、西河諸雜種，眾遂大盛。東犯趙、魏、南入益州，殺漢中太守董炳，遂寇鈔三輔，斷隴道。湟中諸縣粟石萬錢，百姓死亡不可勝數。朝廷不能制，而轉運難劇。遂詔騭還師，留任尚屯漢陽，為諸軍節度。」

族相持。當此之時，東漢在羌地的官署撤退了。所有的官吏都逃入內郡。過去繁榮的西北大道，現在已經一變而為戎馬馳驅的戰場了。[1] 經過了十幾年的戰爭，陝西和四川的「羌患」才告肅清，然而「軍旅之費，轉運委輸，用二百四十餘億，府帑空竭。延及內郡，邊民死者不可勝數，并涼二州遂至虛耗」。[2]

　　即因羌族叛變截斷了隴道，因此安帝時西域不通。但是，當時的西域是中原地區手工業製品最大的銷場之一，西域一旦不通，則中原地區手工業製品便失掉了重要市場，因而手工業作坊有不少便要縮小規模或停閉。在這樣一種生產緊縮的過程

---

1 《後漢書·西羌傳》云：「五年春，任尚坐無功徵免。羌遂入寇河東，至河內，百姓相驚，多奔南渡河。使北軍中候朱寵將五營士，屯孟津，詔魏郡、趙國、常山、中山繕作塢候六百一十六所。羌既轉盛，而二千石、令、長，多內郡人，並無守戰意，皆爭上徙郡縣，以避寇難。朝廷從之。遂移隴西徙襄武、安定徙美陽，北地徙池陽，上郡徙衙。百姓戀土，不樂去舊，遂乃刈其禾稼，發徹室屋，夷營壁，破積聚。時連旱蝗饑荒，而驅蹙劫略，流離分散，隨道死亡……喪其太半。」
又同上傳云：「元初二年，遣任尚為中郎將，將羽林、緹騎五營子弟三千五百人……屯三輔。……明年夏，度遼將軍鄧遵率南單于及左鹿蠡王須沈萬騎，擊零昌於靈州……任尚遣兵擊破先零羌於丁溪城……四年……冬，任尚將諸郡兵……進北地，擊狼莫……大破之……自零昌、狼莫死後，諸羌瓦解，三輔、益州，無復寇儆。」

2 《後漢書·西羌傳》。

中，那些因為被剝奪了土地而投入手工業作坊的貧農，現在又從避難所被驅逐出來了。

至於那些從手工業生產中被拋出來的資本，商人們還是依照他們祖傳的方法，把他轉化為高利貸資本去收奪農民的土地。我們知道，保留在農民手中的土地，已經太少了，現在又再加以收奪，那就是驅逐所有的農民都離開自己的土地。

事情真湊巧，自安帝即位以來，又有繼續不斷的天災，水旱蟲蝗，風雹癘疫，地震山崩，應有盡有。這些天災都以猛烈的姿勢，普遍地襲擊當時貧困的農村。在安帝在位的十九年中，每年都有地震，最厲害的一次，是元初六年二月的一次，這次地震延及的地方，達四十二郡、國之多。而且有些地方，地或坼裂，水泉湧出，人民受害者不可勝數。此外發生大水災十一次，大旱災五次，大蝗災六次，大風災三次，大雹災五次，大癘疫兩次，山崩兩次，海嘯一次。在這些嚴重的天災中，造成了普遍的饑饉，因而在《後漢書・安帝紀》中，遂出現了「民相食」的紀載。然而當時的政府，對於這種天災的對策，不是積極的賑濟，而是委咎三公。因而每有天災，便罷免三公以為向皇天謝罪之表示，豈不冤哉。

農民既被剝奪了土地，復被逐出了工廠、作坊，而又因之以戰爭的徵發，加之以天災的迫害，於是「訛言相驚，棄損舊

居，老弱相攜，窮困道路」。[1] 其中有些不願委骨溝壑的流民，便以飢寒起為「盜賊」。據《後漢書·安帝紀》所載：永初三年，「海賊張伯路等寇掠緣海九郡。」四年，「海盜張伯路復與勃海、平原劇賊劉文河、周文光等攻厭次，殺縣令。」五年，「漢陽人杜琦、王信叛，與先零諸種羌攻陷上部城。」這些叛亂，在東漢帝國萬里的江山中，當然只是星星之火，但他們卻指出了一個事實，即東漢帝國的核心已經腐爛了。

　　跟着核心的腐爛，四周諸種族，亦紛起叛變。在北方，則鮮卑、烏桓叛變。自五原而東，山西、河北的北部，東至遼東一帶，每年遭其侵擾。南匈奴也叛變了，他東引烏桓、西收羌族等數萬人，進犯於西北。在東北，則高句驪、濊貊、馬韓連兵侵遼東，而夫餘族亦入塞，殺傷吏人。在西南，則蜀郡夷寇蠶陵（今四川茂汶西北），殺縣令；越嶲（今四川西昌東南）夷寇遂久（今雲南麗江），殺縣令；旄牛夷寇靈關（今四川蘆山西北），殺縣令。此外，武陵、澧中南至蒼梧、鬱林、合浦諸蠻夷，無不叛變。雖然這些種族時叛時服，但他們的叛變，卻說明了一個事實，即東漢帝國的統治，已經動搖了。當時的情勢，正如安帝自己的詔書所云：「災異蜂起，寇賊縱橫，夷

1 《後漢書·安帝紀》。

狄猾夏，戎事不息，百姓匱乏，疲於徵發。重以蝗蟲滋生，害及成麥，秋稼方收，甚可悼也。」[1]

在這樣一個險惡的環境中，即使有英明的君主，也不易轉危為安，而況安帝當即位之時，尚不過是一個十三歲的孩子，初由母后鄧氏聽政。鄧氏依靠外戚掌權。於是其舅鄧騭、鄧悝、鄧弘、鄧閶皆為列侯，又封其親生母耿貴人之兄耿寶為羽林軍車騎，封其妻閻后兄弟顯、景、耀，並典禁兵。此外，外戚為卿校、侍中者不知若干人。這樣一來，滿朝文武，都是瑣瑣姻婭了。當時豫章生芝草，郡人唐檀概乎其言之曰：「方今外戚豪盛，陽道微弱，斯豈善瑞乎？」[2]

安帝又認為除親戚以外，最可靠的便是他的家奴，因而宦官、乳母，都一齊變成政治上的要人。當時宦者江京、李閏皆為列侯，與中常侍樊封、劉安、陳達及帝之乳母王聖，王聖女伯榮，煽動內外，競為侈虐。這些奴才，仗着他們主人的威勢，真是無惡不作。入則「進出宮庭，傳達奸賂」，出則「震動郡縣，王侯二千石至為伯榮獨拜車下……發人修道，繕理

---

1 《後漢書·安帝紀》。

2 《後漢書·唐檀傳》。

亭傳……徵役無度……賂遺僕從，人數百疋」。[1] 故當時尚書僕射陳忠上書曰：「伯榮之威重於陛下，陛下之權在於臣妾。」[2] 司徒楊震亦上書曰：「方今九德未事，嬖幸充庭……外交屬託，擾亂天下，損辱清朝，塵點日月。」[3] 安帝時的政治，就是一群外戚、走狗、奴才的政治，他們所注意的是皇帝的臉色，是賄賂的數目，哪裏會知道當時已經是「人吃人」的世界。

　　安帝死，順帝繼立。順帝初年，曾因西域長史班勇之努力，恢復對塔里木盆地的統治。[4] 同時羌族的叛亂，也一時平息，因而西北的商路又曾一度打通。可是不久羌族又叛，且凍、傅難及其他雜種羌胡、東入山、陝、南入四川，西北的商路復閉而不通。當時的政府曾以馬賢為征西將軍，統領十萬大軍討伐叛羌；但結果馬賢敗死，而羌勢轉盛。自是鞏唐種、罕種及諸種羌紛起叛變，自陝而西，西至武威，完全為羌人的世

1　《後漢書·陳忠傳》。

2　《後漢書·陳忠傳》。

3　《後漢書·楊震傳》。

4　《後漢書·西域傳·序》云：「順帝永建二年。班勇（班超之子）擊降焉耆（先已擊平車師）；於是龜茲、疏勒、于闐、沙車等十七國皆來服從，而烏孫、葱嶺以西遂絕。六年，帝以伊吾盧膏腴之地，傍近西域，匈奴資之，以為鈔暴，復令開設屯田，如永元時事，置伊吾司馬一人。」

界。[1]以後護羌校尉趙沖，雖曾屠殺不少的羌人，但不久趙沖亦
為羌人所殺。[2]直至殤帝死後之次年（沖帝永嘉元年），西羌之
亂才暫告平息，然而戰爭十餘年，所用的軍費又達八十餘億。[3]

　　與西羌的叛變平行，鮮卑的侵擾亦日益加緊[4]，匈奴烏桓辦

1　《後漢書・西羌傳》云：順帝永和「五年夏且凍、傅難種羌等遂反叛，攻金城，
　　與西塞及湟中雜種羌胡，大寇三輔，殺害長吏。……於是發京師近郡及諸州兵
　　討之，拜馬賢為征西將軍，以騎都尉耿叔副，將左右羽林。五校士及諸州郡兵
　　十萬人屯漢陽。又於扶風、漢陽、隴道作塢壁三百所，置屯兵，以保聚百姓。
　　且凍分遣種人寇武都，燒隴關，掠苑馬。六年春，馬賢將五六千騎擊之，到射
　　姑山，賢軍敗，賢及二子皆戰歿。……於是東西羌遂大合。鞏唐種三千餘騎寇
　　隴西，又燒園陵，掠關中，殺傷長吏……武威太守趙沖追擊鞏唐羌，斬首四百
　　餘級，……羌二千餘人降。詔沖督河西四郡兵，為節度。罕種羌千餘，寇北
　　地，北地太守賈福與趙沖擊之，不利。秋，諸種羌八九千騎寇武威，涼部震恐。」

2　《後漢書・西羌傳》云：「漢安元年。以趙沖為護羌校尉，沖招懷叛羌，罕種乃
　　率邑落五千餘戶詣沖降。……雄燒何種三千餘落，搖參纝北界。三年夏，趙沖
　　與漢陽太守張貢，掩擊之，斬首千五百級。……冬，沖擊諸種，行首四千餘
　　級……沖復追擊於阿陽，斬首八百級。於是諸種的後三萬餘戶，詣涼州刺史
　　降。建康元年春，護羌從事馬玄遂為諸羌所誘，將羌將亡出塞……趙沖復追叛
　　羌……遇羌伏兵，與戰歿。沖雖身死，而前後多所斬獲，羌由是衰耗。」

3　《後漢書・西羌傳》云：沖帝「永嘉元年……以漢陽太守張貢代為校尉，左馮翊
　　梁並，稍以恩信招誘之，於是離流、狐奴等五萬餘戶詣並降，隴右復平……自
　　永和羌叛，至乎是歲，十餘年間，費用八十餘億。」

4　《後漢書・順帝紀》：永建元年八月，鮮卑寇代郡。二年二月、鮮卑寇延東、玄
　　菟。三年九月、鮮卑寇漁陽。四年十一月、鮮卑寇朔方。陽嘉元年九月，鮮卑
　　寇遼東，二年八月，鮮卑寇代郡。

與西羌相結，連兵寇陝北。[1] 此外，自武陵南至象林、日南、九真、交趾一帶的蠻夷均叛。[2] 在這樣四周諸種族的叛變中，徵兵徵餉，當然又要加深人民的災難。

天災仍然繼續流行，特別是西北一帶的地震，與中原一帶的旱災。據《後漢書·順帝紀》載，陽嘉二年三月，京師洛陽地震。漢安二年至建康元年（公元 143—144 年）的七個月中，涼州地震一百八十次。在地震的地方，山崩地坼，水泉湧出，人畜埋死。中原一帶連年旱災，加以蝗蟲，禾稼枯槁，野無青草。會稽一帶，淫雨成災，大水氾濫。這種現象，是何等的慘淡！

然而順帝站在這種局面之前，不思振刷政治，挽救危急，仍然秉承他父親的政治作風，委政於外戚與宦官。而自己卻空出時間，為聲色狗馬之樂。有一天他忽然神智清醒，露坐德陽殿求雨，因問尚書周舉以消災之術。周舉說：「近廢文帝、光武之法，而循亡秦奢侈之慾，內積怨女，外有曠夫。……自

1　《後漢書·順帝紀》：陽嘉四年，烏桓寇雲中，圍度遼將軍耿曄於蘭池。永和三年九月，匈奴、烏桓、西羌連兵寇上郡。漢安元年八月，匈奴左部反。

2　《後漢書·順帝紀》云：永和元年十二月，象林蠻夷叛。二年正月，武陵蠻以太守加租叛，圍充縣，又寇夷道。五月，日南蠻叛，攻郡府。七月，九真、交趾二郡兵叛。建康元年，日南蠻夷叛。

枯旱以來，彌歷年歲，未聞陛下改過之效，徒勞至尊暴露風塵，誠無益也。……出後宮不御之女，理天下冤枉之獄，除太官重勝之費。」[1] 由周舉之言，我們就可以想見順帝之荒淫。

因為梁后的關係，梁后之父梁商遂被封為大將軍，總攬大政。梁商之子冀亦被任為河南尹，專制京畿。梁商死，梁冀又代為大將軍，而以冀弟不疑為河南尹。父子禪代，兄弟更替，梁氏一門，威權震主。至於宦官孫程、王康、王國等十九人，皆封為列侯，食邑自千戶以至萬戶[2]，並令得以養子襲爵。而宦官程璜、陳秉、孟生、李閏等，亦狐假虎威，無惡不作，致令百官側目。此外，又封乳母宋娥為山陽君。在當時，可以說，滿朝朱紫貴，盡是親戚與奴才。

這些人物一旦登台，自然要造成自上而下的貪污政治。但是這些外戚、宦官卻假裝做出整頓吏治的樣子，於漢安元年，

---

1 《後漢書・周舉傳》。

2 《後漢書・宦者列傳・孫程傳》云：「其封（孫）程為浮陽侯，食邑萬戶；（王）康為華容侯。（王）國為酈侯，各九千戶；黃龍為湘南侯，五千戶；彭愷為西平昌侯，孟叔為中廬侯。李建為復陽侯，各四千二百戶；王成為廣宗侯，張賢為祝阿侯。史汛為臨沮侯，馬國為廣平侯，王道為范縣侯，李元為褒信侯，楊佗為山都侯，陳予為下雋侯。趙封為析縣侯，李剛為枝江侯，各四千戶；魏猛為夷陵侯，二千戶；苗光為東阿侯，千戶。」「是為十九侯。加賜車馬金銀錢帛各有差。」

派遣大使徇行郡國，考察風俗。其中有一位年青的使者張綱，獨埋車輛於洛陽國都亭，不肯出發。他說：「豺狼當道，安問狐狸！」並且上了一封奏摺，指斥外戚。奏曰：「大將軍冀、河南尹不疑，蒙外戚之援，荷國厚恩，以蒭蕘之資，居阿衡之位。不能敷揚五教，翼贊舊月，而專為封豕長蛇，肆其貪叨，甘心好貨，縱恣無底，多樹諂諛，以害忠良。誠天威所不赦，大辟所宜加也。謹條其無君之心十五事，斯皆臣子所切齒者也。」[1]

有了貪污，必然就有驕奢淫佚。例如梁寬，「少為貴戚，逸遊自恣。性嗜酒。能挽滿、彈棋、格五、六博、蹴鞠、意錢之戲，又好臂鷹走狗、騁馬鬥雞。」[2]由梁冀的生活，我可以想到其他貴戚的生活。又如梁商之喪，皇帝賜以「東國朱壽之器，銀鏤、黃腸、玉匣、什物二十八種，錢二百萬，布三千疋」。皇后又賜「錢五百萬，布萬疋」。「及葬，贈輕車介士。」[3]由梁商之喪，就可以想到其他貴戚之喪。但是我們應該記得，當貴戚們樂生榮死的時候，也正是農民求草根樹皮而不可得的時候。

---

1 《後漢書·張綱傳》。

2 《後漢書·梁統傳附梁冀傳》。

3 《後漢書·梁統傳附梁商傳》。

在這樣的天災人禍之中，農民的暴動，自然要更加增多。據《後漢書·周帝紀》所載，當時的「盜賊」蜂起，到處攻陷郡縣，殺戮長吏、甚至發掘皇陵。如：

陽嘉元年二月，「海賊」曾旌等寇會稽，殺句章（今浙江餘姚東南）、鄞（今奉化東）、鄮（今鄞縣境）三縣長，攻會稽東部都尉（治句章縣）。

同年三月，揚州六郡「妖賊」章河等寇四十九縣，殺傷長吏。

陽嘉三年三月，益州「盜賊」劫質令長，殺列侯。

永和元年八月，江夏「盜賊」殺邾（今湖北黃岡東北）長。

永和二年四月，九江「賊」蔡伯流寇郡界，及廣陵（郡治在今江蘇揚州市），殺江都（今揚州市）長。

漢安元年九月，廣陵「盜賊」張嬰等寇郡縣。

漢安二年十二月，揚、徐「盜賊」攻燒城寺。

建康元年三月，南郡、江夏「盜賊」，寇掠城邑。

同年八月，揚、徐「盜賊」范容、周生等寇掠城邑。

同年十一月，九江「盜賊」徐鳳、馬勉等，稱無上將軍，攻燒城邑。

同年十二月，九江「賊」黃虎等攻合肥。

同年「群盜」發憲陵（東漢順帝陵，在今河南洛陽市東北）。

　　與農民之攻燒城邑、殺掠長吏同時，小所有者則走入深山，於是而出現了所謂隱士。在中國史上，所有的隱士，大半都是有教養的知識分子，他們原來都有足夠衣食的田園，因而他們得以從肉體的勞動中解放出來，從事於文化的活動。在太平盛世，這些知識分子，本來可以被商人地主的政府選拔出來，充當政治使用人。否則亦可粗衣淡飯，度過一生。所謂：「窮則獨善其身，達則兼善天下」者，正是指這一社會層的人物。但到順帝時，小所有者一方面遭受商人地主的收奪，失掉了「獨善其身」的土地；另一方面，又遭受外戚宦官的排斥，阻絕了「兼善天下」的政治出路。當此之時，他們進不能致身朝堂，退亦不能自存鄉里，於是只有相率窮蹙於深山，是為隱士。所以我以為隱士的出現，乃是小所有者在經濟上被收奪，在政治上被排斥的表徵。

　　據《後漢書》所載，順帝曾屢徵隱士。如永建二年，徵隱士樊英於壺山（今河南魯山西南）、又徵隱士廣漢（郡治今四川廣漢北）楊厚、江夏（郡治今湖北雲夢）黃瓊。策書玄，往來於山谷；壇席几杖，高設於朝堂；抑若求賢惟恐不及，實則欲羅致一、二盛名之士作為政治花瓶。當時隱士也有應徵而至者，如楊厚、黃瓊，但終以嬖倖當朝，不能有所匡救。但大多數則拒命不來，如法真四徵不至，天下高之。樊英入殿不屈，

曰：「臣見暴君如見仇讎。」又曰：「非禮之祿，雖萬鍾不受也；若申其志，雖簞食不厭也。」[1] 由此而知到順帝時，有正義感的知識分子寧願餓死深山窮谷，亦恥與外戚、宦官為伍。

　　隱士之不肯出山，可以說是小所有者對外戚宦官政治之消極的抗議。但是生活決定了小所有者沒有農民那樣不知死活，因飢寒即起為「盜賊」，冒萬死以求一生。然而他們都讀過聖賢之書，知道「危邦不入，亂邦不居」的教訓，所以他們雖沒有勇氣謀反叛逆，也決不肯降志屈身，去侍候皇帝的親戚和家奴。他們痛恨這政權，又無力推翻這個政權，結果只望着昏君亂臣禍國殃民，而瞑目夢想堯舜之君，羲皇之世。仲長統之言曰：「（當東漢末）清潔之士，徒自苦於茨棘之間，無所益損於風俗也。」但是他們為什麼要自苦呢？這是仲長統所不了解的呵！

　　由上所述，可知東漢政權發展至安、順之際，已經不僅為農民所痛恨，也為小所有者所厭惡了。一個政權發展到為小所有者所厭惡的時候，他的壽命，就快要結束了。

（出自《秦漢史》，1946 年 7 月）

---

1 《後漢書·樊英傳》。

應該替曹操恢復名譽

——從《赤壁之戰》說到曹操

一

看了新編的《赤壁之戰》，想替曹操說幾句好話。

替曹操說好話是很危險的，因為他是人所共知的奸臣。

解放以前，魯迅曾經替曹操說了幾句好話。他說：「我們講到曹操，很容易就聯想到《三國演義》，更而想起戲台上那一位花面的奸臣，但這不是觀察曹操的真正方法。……其實，曹操是一個很有本事的人，至少是一個英雄。」但是魯迅也覺得要聲明一下，他說，他雖然「非常佩服曹操」，但他「不是曹操一黨」。

最近，郭老也替曹操說了幾句好話。他說：「曹操對於民族的貢獻是應該作高度評價的，他應該被稱為一位民族英雄。」當然郭老「也不是曹操一黨」，不過非常欽佩曹操而已。

我也「不是曹操一黨」，但非常佩服曹操。在我看來，曹操不僅是三國豪族中第一流的政治家、軍事家和詩人，並且是中國封建統治階級中有數的傑出人物。

說曹操是三國時第一流的政治家並不是因為他善於運用機會把自己提升到顯要的政治地位，而是說他一貫地把統一中國當作自己的政治使命，雖然他沒有完成統一的任務，但是他結束了漢末以來長期存在的豪族混戰局面，並且從中國的西北邊疆排除了遊牧種族的威脅，保衛了黃河平原的城市和農村，恢復了黃河南北的封建秩序，替後來的西晉統一鋪平了道路。當然西晉的統一主要是由於黃河流域社會經濟恢復和發展的結果，但曹操的努力，也起了一定的作用。

說他是三國時第一流的軍事家，也不是說他曾經著過十幾萬字的兵書，善於紙上談兵，而是說他能夠運用當時豪族之間的矛盾，選擇適當的時機，去打擊他的敵人，使大大小小的豪族，一個跟着一個倒在他的面前。

曹操不是一個職業詩人，但說他是三國時第一流的詩人，我想他是當之無愧的。史載他「登高必賦」，又說他的詩「被之管弦，皆成樂章」。從現在保留下來的曹操的少數的詩篇，可以看出他的詩，蒼涼雄健，才氣縱橫，就是他的天才的兒子曹植也是望塵莫及的。

　　曹操不僅是一個天才的詩人，而且是詩人最好的朋友。在他的周圍集合了一些當代有名的詩人、文學家，包括辱罵過他的祖宗的陳琳在內。由於曹操的提倡，所以在大動亂的建安年間，出現了一個文學的繁榮時代。

　　像這樣一個中國史上有數的傑出人物，卻長期被當作奸臣，這是不公平的。我們應該替曹操摘去奸臣的帽子，替曹操恢復名譽。

二

　　在否定曹操的過程中，《三國演義》的作者可以說盡了文學的能事。《三國演義》簡直是曹操的謗書。《三國演義》的作者不是沒有看過陳壽的《三國志》和裴松之的《三國志注》，他看了，而且看得很仔細。他知道曹操並不如他所說的那樣壞，那樣愚蠢無能，但是為了宣傳封建正統主義的歷史觀，他就肆意地歪曲歷史，貶斥曹操。他不僅把三國的歷史寫成了滑稽劇，而且還讓後來的人把他寫的滑稽劇當作三國的歷史。應該說，《三國演義》的作者在對待曹操的問題上是發揮了他的強烈的政治性。

　　在否定曹操的工作中，過去的戲劇家也盡了他們的責任。

為表達時代的要求，過去的戲劇家不僅把《三國演義》的觀點搬上了舞台，讓劇中人物說着三國時代的言語，拿起三國時代的武器來守衞着自己的陛下，替自己的陛下打敗可能出現在當代的曹操，而且在形象塑造中，發揮了他們的藝術天才。曹操的臉譜就是一種傑出的藝術創造。看了曹操的臉譜就令人聯想到用石灰粉刷過的牆壁。戲劇家用這樣令人可憎的蒼白的顏色，表示曹操的冷酷，再用墨筆在他臉上畫上幾條黑線，表明他的奸詐陰險。通過這樣的臉譜過去的戲劇家把曹操從一般粉臉人物中區別出來，表明曹操不僅是一個奸臣，而且是一個超級奸臣。

過去的人把曹操當作奸臣，乃至當作超級的奸臣，是應該的，因為他們是帶着正統主義的有色眼鏡看曹操，在這種有色眼鏡中，曹操只能是一個奸臣。

所謂正統主義的歷史觀，是以皇帝為中心的歷史觀，任何對皇帝不夠忠誠，乃至不夠禮貌的人，都可以被指為奸臣，何況曹操可以發誓他在任何時候都沒有忘記覬覦那個他認為是「爐火」的寶座，雖然他自己說過：即使上帝要把天下交給他，他也只做周文王，但是他的兒子曹丕卻做了周武王。而且這位三國時代的周文王也曾經自封丞相，自封魏王，自己批准自己使用僅僅次於皇帝使用的儀仗隊，甚至對漢獻帝還採取了粗暴的態度，他有的時候簡直忘記了「君臣之義」。這一切都

暴露了曹操有「不遜之志」，並不如他自己所說的是別人「妄相忖度」。

像這樣一個具有「不遜之志」的野心家，是不會有一個封建皇帝會喜歡他的。只要提起曹操，皇帝們就會感到自己的皇冠有滾到地下的危險。為了保衛自己的皇冠，就必須動員文學藝術從自己的時代消滅曹操。而封建時代的文學家、戲劇家也很好地完成了他們的任務，他們在赤壁之戰的祝捷大會中，把英雄的稱號贈給了年青的周郎，而把那沒有燒死的曹操交給一位理想的先知者諸葛亮去看管。

三

最近我們高興地從新編的《赤壁之戰》中看到曹操的臉色已經有了一點變化，在他那蒼白的臉上已經透出了一點紅色，雖然透出的紅色是很淡很淡的，但是戲劇家敢於在曹操臉上塗上一點紅色，這就說明了曹操在舞台上翻身已經有了一線希望了。

應該說對曹操的臉譜的修改，不是一件小事而是一件大事。這件事不僅攸關曹操個人的名譽問題，而是從舞台上消滅正統主義歷史觀的問題。因為搽在曹操臉上的白粉，不僅是用以表示曹操個人的性格和品質，而是過去的戲劇家在曹操臉上

打下的封建正統主義的烙印。

正因如此，我們才替他打翻案。如果要讓曹操在舞台上翻身，僅僅在曹操臉上塗上一點淡淡的紅色是不夠的，可不可以更大膽一些擦去他臉上的白粉。很明白，只要曹操臉上還有白粉，只要白粉還是奸臣或壞人的記號，就不能替曹操摘掉奸臣的帽子，不能替曹操恢復名譽。當然，擦去了白粉，不等於說就不可以在曹操臉上塗上其他的顏色，只要不是為了表明他是一個奸臣，我想塗上任何顏色都是可以的。

除了對曹操的臉譜作了一些修改以外，新編的《赤壁之戰》有《橫槊賦詩》一幕，看來這一幕戲是對曹操的特寫。從這一幕的劇情看來，作者是想向觀眾介紹曹操不僅是一個幾十萬大軍的統帥，還是一個天才的詩人。當然更主要的是暴露曹操在不戰而取得荊州以後的驕盈之氣，替他後來的失敗，準備理由。

這一幕戲不僅有聲有色，還表現了曹操在當時的思想活動，但我覺得場面過於嚴肅，空氣太緊張，好像不是一種做詩的環境。對於過去的詩人來說，必然有小橋流水，再加上風花雪月，才能做得出詩來。當然對於曹操來說，主要的興趣至少在當時的興趣不是小橋流水和風花雪月，而是大江南北的土地。但引起他的詩興的還是星星、月亮和一隻烏鴉。

在這齣戲中還有《蔣幹盜書》一幕，是對曹操的一個側面

描寫，在這一幕戲中，作者似乎沒有注意去恢復蔣幹的歷史真實性。照史籍所載，蔣幹是周瑜的同鄉老前輩，其為人也「有儀容，以才辯見稱，獨步江淮之間，莫與為對」。像這樣一位「獨步江淮之間」的名士，不可能像《三國演義》上所寫的在他年青的同鄉面前表現出那樣驚惶失措的樣子。蔣幹之所以弄得那樣狼狽不堪，不是因為別的什麼原因，就是因為他不該替曹操當說客。

在另一方面，新編的《赤壁之戰》對於站在曹操對面的人物，如魯肅、諸葛亮的舞台形象，卻作了一些很好的修改。例如出現在這齣戲中的魯肅，已經不是一個爛好人而是孫權部下主戰派的首領。出現在這齣戲的諸葛亮，雖然還帶有一些道士的神氣，但已經脫去了他在戲台上常穿的八卦衣，只有在祭東風的時候才允許他穿了一次。還有對黃蓋的強調等等。這一切都使得這些歷史人物更接近於歷史的真實，而且顯出了他們是怎樣滿懷信心地去迎擊他們共同的敵人。

四

從整個戲劇的結構來看，作者不是把赤壁之戰簡單地描寫為曹操和孫權、劉備之間的敵對矛盾的決裂，而是通過周瑜與

諸葛亮之間的勾心鬥角寫出了孫權集團與劉備集團之間的矛盾，又通過以張昭為首的迎降派與以魯肅為首的主戰派之間的鬥爭，寫出了孫權集團內部的矛盾。因此，我們從這齣戲中，可以看出大矛盾中有小矛盾、小小矛盾。不論大矛盾也好，小矛盾、小小矛盾也好，都有一個發展的高潮。例如孫權集團內部的迎降派與主戰派之間的矛盾，到孫權拔劍斷案達到高潮，孫權和劉備之間的矛盾，到周瑜派人刺殺諸葛亮達到高潮。而孫權劉備和曹操之間的矛盾，則以火燒赤壁達到高潮。

作者揭露了這些矛盾，也在戲劇的發展中解決了這些矛盾。但是對於矛盾的處理，也還有值得商量的地方。例如孫權集團內部迎降派與主戰派之間的矛盾，在新編的《赤壁之戰》中是表現為武官主戰，文官主降，很容易令人把和戰的分歧看成文武的矛盾。根據《周瑜傳》記載「曹公入荊州，劉琮舉眾降，曹公得其水軍船步兵數十萬，將士聞之，皆恐懼。延見群下，問以計策，議者咸曰，……今日拒之，事更不順，……愚謂大計，不如迎之。」這裏所謂「議者」並沒有說都是文官，而且那些感到恐懼的「將士」，都是武官。關於迎降的事，孫權只說過，「子佈文表諸人各顧妻子，挾持私慮」，主張迎降。這裏所說的「諸人」不一定都是文官。實際上當時孫權部下，除了魯肅、周瑜、黃蓋等少數人以外，文臣也好，武臣也好，

大多數都被曹操駁倒，主張迎降。

　　孫權和劉備之間是有矛盾的，但是在赤壁之戰以前，他們之間的矛盾並不尖銳。孫權和劉備之間的矛盾的尖銳化是在赤壁之戰以後，而且是赤壁之戰的勝利引出來的。因為赤壁之戰奪取了荊州，孫權、劉備都想把荊州據為己有，因此才使矛盾尖銳化。

　　至於曹操和孫權、劉備之間的矛盾，是赤壁之戰的主要矛盾。過去的戲劇家，為了貶低曹操，總是把曹操說成一個很愚蠢的人，好像他帶着大批人馬，坐在船上，等着捱燒捱打。根據歷史的記載，曹操從小就很機警，又有權數。到了赤壁之戰的時候，曹操已經是在政治和軍事活動中經過了嚴重考驗的人物，他不會那樣愚蠢，以至對敵人喪失起碼的警惕性。實際上對於曹操來說，戰爭就是他的詩歌，他不會在強渡長江的號角聲中，失掉節奏的。

　　根據歷史的記載，周瑜、諸葛亮和黃蓋所能想到的火攻，曹操也不是沒有想到。《魏志‧曹操傳》引《山陽公載記》所載曹操之言曰：「劉備吾儔也，但得計少晚，向使早放火，吾徒無類矣。備尋亦放火而無所及」。《吳志‧周瑜傳》註文中載曹操在赤壁之戰後寫給孫權的信中說：「赤壁之戰，值有疾病，孤燒船自退，橫使周瑜虛獲此名。」這些記載，可能是後

人替曹操辯護，或者是曹操事後自解之辭，但不能說曹操對於有火攻的危險一點也不曾想到。

五

新編的《赤壁之戰》提出曹操的問題，也使很多三國人物更接近於歷史的真實，並且把這些人物貫串在各種矛盾鬥爭之中，顯出了赤壁之戰的複雜性。這些都是成功的地方。但是如果歷史劇的任務，是要賦予這些歷史人物和事件以新的政治意義，使赤壁之戰這個歷史事件更好地為我們自己的時代服務，最好能夠暗示這個戰爭的性質和它所引起的歷史後果。

我們知道，人們總是很高興地看到曹操的每一個失敗，而曹操提供出來的這一類的資料又實在太少了。因此在演出《赤壁之戰》的時候，人們總是歡呼孫權和劉備的勝利。這種心理，主要的是仇恨曹操的反射。其實，赤壁之戰對三國鼎立的局面之形成，是帶有決定性的一個戰爭，這一點和當時人民的命運是攸關的。人民不喜歡分裂，如果在赤壁之戰中曹操取勝，其後果可能是中國的統一。但是這個戰爭是以曹操的失敗而結束。

人們明知不管是誰的勝利都是地主階級的勝利，但仍然把

曹操的失敗，當作自己的勝利，這不是為了別的，就是因為曹操玩弄了一次挾天子以令諸侯的把戲。曹操是有點駝鳥思想的，他以為把頭埋在沙漠裏，別人就看不見他的身體。因此他總是抓住漢獻帝不放手，企圖躲在漢獻帝的背後完成做皇帝的一切準備，而在他宣佈自己為中國皇帝的前一天都沒有人知道。在這一點上曹操曾經借重過漢獻帝，這是事實；但如果說他的天下是從姓劉的手裏「篡」過來的，那就有些不符合事實；因為當曹操出現在歷史舞台上的時候，起義的農民軍已經粉碎了東漢王朝的天下，在這殘破的疆土出現的是大大小小的地主武裝集團的營壘。當時的漢獻帝除了保有一件襤褸的皇袍以外什麼也沒有了，像這樣一個皇帝還能從他手中「篡」到什麼？曹操的天下，是自己打出來的，不是從姓劉的手裏接收過來的。假如曹操痛痛快快披上皇袍，誰能說他不是太祖高皇帝，就因為他把皇袍當作襯衣穿在裏面，反而被人抹上了一臉白粉。退一步說，就算曹操的天下是「篡」的姓劉的，又犯了什麼法呢？難道在楚漢戰爭中宣佈的「先入關者王之」的約言，對曹操也還有法律的效力？難道姓劉的應該永遠做中國的皇帝？

如果說想做皇帝就是奸臣，那三國戲中的粉臉就太多了。當時大大小小的擁有武裝的豪族，哪一個不想做皇帝？袁術就

做過皇帝，袁紹也準備了刻玉璽的石頭。正像曹操所說的，「設使國家無有孤，不知當幾人稱帝，幾人稱王」。實際上，孫權和劉備後來都做了皇帝，為什麼姓曹的想做皇帝就在他臉上搽上了大白粉？

是的，最後宣佈漢朝的終結的是曹操的兒子曹丕。但是這個政權應該不應該結束呢？我說，應該結束，因為成千成萬的農民到處起義暴動，就是為了結束這個政權。當然曹操父子並不是為了農民的利益而結束這個政權；但結束這個政權，在客觀上是符合當時人民的願望的。因為當時人民所處的地位，正像馬克思所說的步利丹驢子所處的地位，「它不是在兩包乾草之間，選擇那一包較好，而是在兩陣棒打之間，選擇那一陣打得更痛。」曹魏王朝對於農民來說，即使不是一包乾草，而是一陣棒打，但比起漢末那個宦官的政府，特別是那使當時人民隨時有變成肉泥的豪族混戰，總是一陣較輕的棒打，而且按照歷史記載曹魏王朝曾經鎮壓豪族，給農民犁牛，進行了一些恢復生產的措施，這對於當時農民來說可能還是一束乾草，雖然不是很好的乾草。

當然，曹操被指為奸臣也不是沒有原因的，主要地是他一方面要做違反正統主義的活動，另一方面又要把自己假裝為一個正統主義者，因而就被正統主義者把他踢出了自己的圈子。

六

　　曹操被封建正統主義者當作一個奸臣的典型，已經很久了。現在再把他當作一個奸臣，就不合時宜了。新編的《赤壁之戰》，提出了曹操的問題，如果不是我的誤會的話，作者似乎有意替曹操打翻案。作為一個觀眾，我以為這是一個很好的開始，因此我再重複一句，我們希望戲劇家更大膽一些擦去曹操臉上的白粉，再塗上一點其他的顏色。

　　當然擦去曹操臉上的白粉，並不是一件容易事，因為搽在曹操臉上的白粉，不是一般的白粉，它是一種觀念的體化物，是封建正統主義歷史觀在歷史劇中的體現，如果不從思想上消滅封建正統主義的歷史觀，曹操臉上的白粉是擦不掉的。應該聲明一下，我不是說要從現存的所有的京劇中，消滅正統主義的觀點，如果這樣，就會替戲劇家帶來很大的困難，而且也沒有必要，因為這些京劇都是前人寫的，從歷史主義的觀點來說，這些戲劇家在他們的作品中貫徹着正統主義的觀點，是很自然的。而且這些京劇都是我國古典的戲劇遺產，其中有很多具有高度的藝術水準。它們正像古典的文學作品一樣，至今還為廣大的人民所喜愛，因此有些優秀的古典戲劇還是可以讓它們以原來的內容與形式在舞台上演出。我只是說我們在今天來

改編京劇，或者用京劇的體裁再寫劇本，是不是應該考慮清除正統主義觀點的問題。如果可以考慮的話，恢復曹操的名譽是一個最好的辦法。

（原載《光明日報》1959 年 2 月 19 日，《史學》第一五二號）

三國內戰中的民族軍隊

　　自漢末以至三國，是中國史上（漢族）內戰最激烈的一個時代。在內戰中，肝腦塗地者，當然為當時的農民，但亦有少數民族參加。早在漢末的大混戰中，少數民族的軍隊，即出現於內戰的戰場，從史籍上可以看出當時的豪族，競引少數民族進行內戰。如袁術之勾結匈奴於夫羅，袁尚之託庇烏桓，袁熙之投依蹋頓及遼西單于樓班等。特別是劉備，他的起家部隊，就有烏丸雜胡。

　　降至三國，魏、蜀、吳鼎立而峙，仍各引少數民族，以相拒抗。所謂「疆場之戎，一彼一此」，即指此而言。

　　史載當時魏國曾引羌胡以拒蜀。《晉書・江統傳》引《徙戎論》云：「漢末之亂，關中殘滅。魏興之初，與蜀分隔。疆場之戎，一彼一此。魏武皇帝令將軍夏侯妙才討叛氐阿貴、千萬等。後因拔棄漢中，遂徙武都之種於秦川，欲以弱寇強國，捍禦蜀虜。此蓋權宜之計，一時之勢，非所以為萬世之利也。」

按魏徙氏、羌禦蜀，係從鄧艾之議。《魏書‧鄧艾傳》載：艾上書云：「聞劉豹部有叛胡，可因叛割為二國，以分其勢。去卑功顯前朝，而子不繼業。宜加其子顯號，使居雁門。離國弱寇，追錄舊勛，此禦邊長計也。」

魏國的統治者接受了鄧艾的建議，故鄧艾伐蜀，即有羌胡兵馬五千餘人從征。《晉書‧段灼傳》載灼上武帝書云：

> 昔伐蜀，募取涼州兵馬、羌胡健兒，許以重報。五千餘人，隨艾討賊，功皆第一。

其在蜀國，劉璋時代，即有「叟兵」。《蜀書‧劉璋傳》：

> 璋聞曹公征荊州，已定漢中，遣河內陰溥致敬於曹公。……璋復遣別駕從事蜀郡張肅送叟兵三百人並雜御物於曹公。

按所謂「叟兵」，即越巂夷兵。《蜀書‧張嶷傳》云：「初越巂郡自丞相亮討高定之後，叟夷數反。」由此可知越巂夷，又稱叟夷。而叟兵，即越巂夷兵也。惟劉備時，此種叟兵是否繼續存在，史無所載。但據《張嶷傳》載，嶷為越巂太守，「誘

以恩信，蠻夷皆服」。「種落三千餘戶，皆安土供職」。可能徵發夷人以供兵役。

蜀國之有無叟兵，留以待考。惟在夷陵戰役中，則確有蠻兵參加。《蜀書・劉備傳》云：

> （章武二年二月），先主自秭歸率諸將進軍，緣山截嶺，於夷道猇亭駐營，自佷山通武陵，遣侍中馬良安慰五溪蠻夷，咸相率回應。

同書卷九《馬良傳》亦云：

> 先生稱尊號，以良為侍中。及東征吳，遣良入武陵，招納五溪蠻夷，蠻夷渠師皆受印號，咸如意指。

此外，蜀國亦有氐羌之軍，如蜀之名將馬超、姜維，余疑皆是羌人。按馬超為馬騰之子。史載馬騰之父「與羌錯居」，其母且為「羌女」[1]。馬超是否為羌女所生，史無所載；但有羌人血液，則為事實。又超在入蜀以前，曾「走保諸戎」，「甚

---

1 《三國志・蜀書・馬超傳》註引《典略》。

得羌胡心」[1]，其與羌人有密切關係，又可斷言。其後超率以投依劉備的軍隊之為羌兵，更為事實。

至於姜維是否為羌人，史籍亦無明證；但曾誘致羌胡以拒魏，則見於史乘。《蜀書・姜維傳》謂：「維自以練西方風俗，兼負其才武，欲誘諸羌胡以為羽翼。」

吳國割據江南，亦嘗捕捉山越，以充精銳。《吳書・陸遜傳》云：

> 丹陽賊帥費棧受曹公印綬，扇動山越，作為內應。權遣遜討棧。……應時破散。遂部伍東三郡，強者為兵，羸者為補戶，得精卒數萬人。

又《吳書・陳表傳》去：

> 嘉禾三年，諸葛恪領丹陽太守，討平山越，以表領新安都尉，與恪參勢。初，表所受賜復人得二百家，在會稽新安縣。表簡視其人，皆堪好兵，乃上疏陳讓，乞以還官，充足精銳。

---

1 《三國志・蜀書・馬超傳》。

　　吳國不但有山越之兵，且有山越之將，如祖郎、隨春，皆
係山越之酋，因戰敗而被俘者，以後皆為吳國判將。《孫輔傳》
云：「（輔）又從（孫）策討陵陽，生得祖郎等。」同書《呂
範傳》云：「又從攻祖郎於陵陽。」又《孫輔傳》註引《江表
傳云》：「策自率將士討郎，生獲之。……署門下賊曹。」

　　關於隨春，《吳書·呂岱傳》有如此之記載：

> 　　（嘉禾）四年，廬陵賊李桓、路合、會稽東治賊
> 隨春、南海賊羅厲等一時並起。權復詔岱督劉纂、
> 唐咨等分部討擊。春即時首降，岱拜春為偏將軍，
> 使領其眾，遂為劉將。桓厲等皆見斬獲，傳首詣都。

　　以上所述，乃三國時的情形。降至西晉，依然如此。晉武
帝之平吳，就準備用匈奴劉淵做統帥。[1] 此事雖未實現，但在平
吳戰爭中，仍然有匈奴的騎兵出現。《晉書·匈奴傳》云：「武
帝時，有騎督纂毋倪邪，伐吳有功，遷赤沙都尉。」

　　（原載香港《文匯報》1948 年 9 月 10 日《史地周刊》第一期）

---

1 《晉書·劉元海載記》

「九品中正」與西晉的豪門政治

一

西晉的政治，是豪門政治，而且是制度化了的豪門政治。

西晉曾施行一種所謂九品中正的選舉制度，這種制度就是實現並鞏固豪門政治的一種制度。

考九品中正的制度創始於曹魏，是一種以身份為標準的選舉制度。趙翼《廿二史札記》八引柳芳《論世族》文云：

> 魏氏立九品，置中正，尊世冑，卑寒士，權歸右族。以中州六中正主簿，郡中正功曹，皆取著姓士族為之，以定門冑，品藻人物。晉、宋因之（南朝多以寒人掌機要節）。

曹魏創立這個制度，據說並不是立意要造成一種豪族政

治，而是適應一種特殊的環境。因為魏承漢末大亂之後，人物播越，戶籍散亡，無法進行正常的選舉。權時制宜，以為此制。《宋書‧恩幸傳‧序》云：

> 漢末喪亂，魏武始基，軍中倉卒，權立九品，蓋以論人才優劣，非為世族高卑。因此相沿，遂為成法。自魏至晉，莫之能改。

又據《晉書‧李重傳》云：

> 九品始於喪亂，軍中之政，誠非經國不刊之法也。

西晉滅蜀，篡魏，平吳，天下一統，這種「權時之制」本可廢除；但西晉的豪族為了保衛自己的特權，不但相沿不改，而且變本加厲，嚴門第之別，從此豪族與寒士便有雲泥之隔。《宋書‧恩幸傳‧序》云：

> （九品中正之制）自魏至晉，莫之能改，州都郡正，以才品人，而舉世人才，升降蓋寡。徒以憑藉世資，用相陵駕，都正俗士，斟酌時宜，品目少

多，隨事俯仰。劉毅所云「下品無高門，上品無賤族」者也。歲月遞訛，斯風漸篤。凡厥衣冠，莫非二品。自此以還，遂成卑庶。周、漢之道，以智役愚，台隸參差，用成等級，魏晉以來，以貴役愚，台隸參差，用成等級；魏晉以來，以貴役賤，士庶之科，較然有辨。

為了推行這種制度，西晉仿照曹魏的辦法，於州、郡設置中正之官，掌管選政。吏部（類似今之內政部）用人，必命中正去查考他的籍貫、三代和階級，查明他們的祖先是否為世家貴族。查明他們是否為中原的世家貴族，也查明他們是否真有世家貴族的血液，而查籍貫、查三代、查階級所根據的是譜牒。據《通典》卷一四《選舉》二《歷代制》中云：

> 晉依魏氏九品之制，內官吏部尚書、司徒左長史、外官州有大中正，郡國有小中正，皆掌選舉。若吏部選用，必下中正，徵其人居及父祖官名。

查三代、查階級的用意，是杜絕非豪門子弟滲入統治階級，亦即向豪門以外之一切社會階層的人民關閉政治之門。這

種選舉制度的特色，就是用人選官，不問才能，但論門第。因
之，豪門之子，雖白癡，亦得襲高官；寒門之士，雖賢聖，
只能為下吏。這種選舉制度的結果，自然會如王沉《釋時論》
所云：「百辟君子，奕世相生，公門有公，卿門有卿。」[1]末流
所趨，竟至如劉毅所云：「上品無寒門，下品無勢家。暨時有
之，皆曲有故。」[2]

　　查籍貫的用意是杜絕吳、蜀的豪門子弟滲入政治，亦即向
中原，特別是豫州以外之其他各處的豪族關閉政治之門。這
種地方主義的選舉，自然要造成一種輕視吳、蜀人士的觀念。
例如伏波將軍孫秀，即因他是吳國的支庶，中原人士遂恥為掾
屬。[3]廷尉平何攀，即因他是蜀士，廷尉卿諸葛沖遂以此輕之。[4]
由於查籍貫的結果，所以當時的情形竟如賀循所云：「荊、揚二
州，戶各數十萬，今揚州無郎，而荊州江南乃無一人為京城職
者。」[5]反之，則如陳頵所云：「豫州人士，常半天下。」[6]

1　《晉書‧王沉傳》。
2　《晉書‧劉毅傳》。
3　《晉書‧陶侃》。
4　《晉書‧何攀》。
5　《晉書‧賀循傳》。
6　《晉書‧陳頵傳》。

　　西晉的豪族就用這樣的選舉制度保證他們的政權，企圖使
這個政權世世代代掌握在自己手中。但是在這個制度的實行當
中，沒有能嚴格執行，發生了許多弊端。這是因為作為決定人
品尊卑的譜牒，在漢末以來的大亂中多已亡失，替這個制度留
下一個漏洞。《晉書·摯虞傳》云：

　　　　虞以漢末喪亂，譜傳多亡失，雖其子孫不能言
　　其先祖。撰《族姓昭穆》十卷，上疏進之，以為足
　　以備物致用，廣多聞之益。以定品違法，為司徒所
　　劾。詔原之。

　　因為譜牒亡失，當時的中正便可依照自己的愛憎，進退人
才。劉毅上武帝書有云：

　　　　今之中正，不精才實，務依黨利；不在稱尺，
　　務隨愛憎。所欲與者，獲虛以成譽；所欲下者，吹
　　毛以求疵。高下逐強弱，是非由愛憎，隨世興衰，
　　不顧才實。衰則削下，興則扶上。一人之身，旬日
　　異狀，或以貨賂自通，或以計協登進；附託者必
　　達，守道者困悴。

這樣看來，似乎寒門之士也有走上政治舞台的希望，但是實際上並不可能。因為這裏所謂強弱，是豪族之中的強弱，並不是指的豪族與寒門。同時，能以「賄賂自通」或以「計協登進」的人物，亦必為有錢有勢的富豪。至於寒門之士，衣食不贍，門路不通，何來金錢以通賄賂，誰與計協而謀登進。故中正的舞弊，並不妨礙這個制度之仍然是豪族政治的保證。

二

西晉豪族的登進，有一定的程序可循，如有爵者襲爵，無爵者大半起家尚書郎、中書郎、祕書郎、著作郎，或太子舍人，然後由此轉人顯位。據《晉書》載，陳騫、杜預，皆起家尚書郎，王齊起家中書郎，郭默起家祕書郎，張載起家著作郎，山簡和嶠盧浮皆起家太子舍人。

此外，也有經由所謂選舉而致身騰達的人物。如山濤、盧欽、傅玄等，皆係舉「孝廉」；盧湛、劉頌、樂廣等，皆係舉「秀才」；夏侯湛、阮種皆係舉「賢良、方正、直言」。但所謂選舉，不過是一種欺騙人民的形式，等於玩弄魔術。實際上，如果一個人不是豪族，就沒有被選舉的資格。這種情形，正如段灼所云：「今台閣選舉，徒塞耳目。九品訪人，唯問中正。

故據上品者，非公侯之子孫，則當塗之兄弟也。」[1]

誠然，西晉政府亦曾頒佈舉寒素的詔命，如李重之奏有云：「案如《癸酉詔書》，廉讓宜崇，浮競宜黜。其如履謙寒素靖恭求己者，應有以先之。」[2]但這不過替豪門政治找一個掩飾。實際上，是等於海船上的救生衣，備而不用。

因為當時所謂「寒素」，雖然是指的「身寒門素，無世祚之資」[3]的人；但同時這種寒素之士又必須「隱居求志，篤古好學」，又要草野之譽既洽，德禮有聞。像這樣的人，如果不是沒落之地主，也是鄉曲的士紳。

據史籍所示，在西晉時期，讀書是豪門子弟的特權。西晉曾設太學、國子學，但在這種學校裏面的學生，都是清一色的豪門子弟；非豪門子弟即使混入學校，也要被清除出來。關於此事，有詔書為證。《通典》卷五三《禮》一三《吉禮》「大學」條載武帝詔云：「已試經者留之。大臣子弟堪受教者令入學，其餘遣還郡國。」

非豪門子弟，既無讀書之權，又安能有篤學好古之士？然

---

1 《晉書·段灼傳》。

2 《晉書·李重傳》。

3 《晉書·李重傳》。

而篤學好古卻是被選舉的條件，這豈不是和寒士開心？但是就是有資格篤古好學的寒素，在舉薦中也橫遭排抑。《晉書‧李重傳》云：

> 燕國中正劉沈舉霍原為寒素，司徒府不從。

又如《晉書‧光逸傳》：

> （逸）初為搏昌小吏，……後舉孝廉，為州從事，棄官投輔之。輔之時為太傅越從事中郎，薦逸於越，越以門寒而不召。越後因閒宴，責輔之無所舉薦。輔之曰：「前舉光逸，公以非世家不召，非不舉也。」

此外，西晉時的寒士，被豪族抑壓、輕視和侮辱的事情，《晉書》亦有所載。《晉書‧王沉傳》云：

> （沉）少有俊才，出於寒素，不能隨俗沉浮，為時豪所抑。

《晉書‧郭奕傳》云：

時亭長李含有俊才，而門寒，為豪族所排。

《晉書·李含傳》亦云：

（含）少有才幹，兩郡（狄道、始平）並舉孝廉。安定皇甫商州里少年，少恃豪族，以含門寒微，欲與給交。含距而不納，商恨焉，遂諷州以短檄召含為門亭長。

《晉書·張光傳》云：

（光）少為郡吏，……擢授新平太守，……（秦州刺史皇甫）重自以關西大族，心每輕光，謀多不用。

《晉書·孫鑠傳》云：

（鑠）少為縣吏，太守吳奮轉以為主簿。鑠自微賤登紀綱，時僚大姓，不與鑠同坐。

《晉書·霍原傳》云：

（原）叔父坐法當死，原入獄訟之，楚毒備加，終免叔父。年十八，觀太學行禮，因留習之。貴遊子弟聞而重之，欵與相見，以其名微，不欲晝往，乃夜共造焉。

《晉書·易雄傳》云：

（雄）少為縣吏，自念卑賤，無由自達，……舉孝廉，為州主簿，遷別駕。自以門寒，不宜久處上綱，謝職還家。

這些例證，充分地說明了當時的寒門之士要想走上政治舞台，真是難於上青天。即使有之，亦如劉毅所云：「皆曲有故。」像這樣對寒士關門的選舉制度，正如段灼所云：「篳門蓬戶之俊，安得不有陸沉者哉！」

三

上述的情形並不是過甚其詞。我們若就《晉書》「列傳」所錄之西晉人物世系加以考察，就可以發現，其中最顯赫的人

物幾乎都是豪族的子弟。

　　第一等的豪族，是皇族。據《晉書》記載，晉朝皇子，例皆封王。如有宣五王[1]、文六王[2]。還有參加「八王之亂」的汝南、楚、趙、齊、長沙、成都、河間、東海等八王；以及武十三王[3]等。這些諸王的支庶，又得世代相承，襲其先王的封爵。

　　此外，又廣建宗室，以為屏藩。「諸父同虞、虢之尊，兄弟受魯、衞之祉」。如司馬懿之諸弟孚、權、泰、綏、遂、遜、睦、陵，於司馬昭為諸父，皆封王。這些宗室的後裔，也得本支百世，世襲封爵。

　　又《初學記》卷十及《御覽》卷一五二皆云：「帝之姑、姊、妹皆為長公主，如綠綬。」這種情形，誠如王沈《釋時論》所云：「多士豐於貴族，爵命不出閨庭，四門穆穆，紈綺是盈。」

1　宣帝司馬懿九男。五王為平原王伷、琅邪王伷、扶風王駿、梁王肜、清惠亭侯京（魏末以公子賜爵，年二十四薨。泰始元年，其嗣子機封燕王）。

2　文帝司馬昭九男。六王為齊王攸、城陽王兆、遼東王定國、廣漢王廣德、樂安王鑒、樂平王延祚。

3　武帝二十六男。十三王為毗陵王軌、秦王柬、城陽王景、東海王祗、始平王裕、淮南王允、代王演、新都王該、清河王遐、汝陰王謨、吳王晏、渤海王恢（十二王）。

　　與皇族並駕齊驅的是外戚。西晉一代，特別是太康年間，外戚之勢，最為囂張。如楊駿（武帝楊皇后之父）兄弟，勢傾天下。賈充（惠帝賈皇后之父）、賈謐（賈充之嗣孫），權過人主。他如羊琇（景獻皇后從父弟）、王恂、王虔、王愷（文明皇后之弟）、羊玄之（惠帝羊皇后之父）等，皆以后黨而致身顯要。李胤、胡奮、臧權、馮蓀、左思、諸葛沖輩，並以妃嬪之父兄而佈列內外。

　　此外，西晉的許多權要，大抵都與皇家有切肉連皮的關係。如山濤因與宣穆皇后為中表，是以總選政。羊祜因與景獻皇后為姊弟，是以典重兵。杜預（尚文帝妹高陸公主）、王濟（尚武帝女常山公主）、溫裕（尚武帝女長安公主）、盧諶（尚武帝女滎陽公主）等，皆以尚公主而或外署重鎮，內參機要，王衍、樂廣、孫族、繆胤、劉琨等，皆因與皇族有姻婭關係而煊赫一時。這些，尚不過是與皇族有直接姻婭關係的外感。實際上，此輩外戚，又各有姻婭，姻婭復有姻婭，如此之輩，皆得輾轉因緣，攀援裙帶，排金門而入紫闥，竊取天下之顯位。

　　除皇族、外戚以外，西晉的顯要人物大半出身於世家。《晉書》「列傳」中所錄西晉人物，出身世家者佔三分之二以上。這些人或祖若父並有官爵，或父有官爵，或其遠祖、疏屬有官爵，這誠如劉頌上武帝書所云：「泰始之初，陛下踐祚，

其所服乘，皆先代功臣之胤，非其子孫，則其曾玄。」

　　此外，則為地方著姓或名族之子弟，亦有世系不明者。這些人則使不是世家，亦為地方豪族。即使不是地方豪族，則亦如劉實《崇實論》所云：「必為勢家之所念也。」於出身小吏或起自寒微者，則聊聊可數。

　　從此可知，西晉的統治階級，都是豪門子弟，這些豪門子弟，又大半籍隸豫州，因而所謂西晉政府，不過是豫州的豪族之集團。這個豪族集團在九品中正選舉制度之下，用身份把自己變成官僚。以後又在九品佔田的制度之下，用官品把自己變成更大的地主；同時又利用政治權力，以其封建剝削之所得，轉化為商業資本，而從事於貨殖。因而他們是官僚，是地主，也是商人。所以，西晉的政權是豪族的政權，也是商人地主的政權。

　　（原載香港《時代批評》第一○二期，1948 年 6 月 15 日）

西晉末年的「流人」及其「叛亂」

我們必須指出，在尋常百姓遷徙之前，中原的士族早在永嘉之亂的時候，便已「亡官棄」，捲其子女財貨及其佃客，開始其向江南之逃亡。據唐林中記有云：「永嘉之亂，中原士族，林、黃、陳、鄭四姓，先入閩。」又據明何喬遠書云：「晉永嘉二年，中州板盪，衣冠始入閩者八族，林、黃、陳、鄭、詹、丘、何、胡是也。」及至「洛京傾覆，中州士女避亂江左者十六七」（《王導傳》）。

這些中原士族，逃亡到江南以後，當時的執政王導，便「勸（元）帝收其賢人，與之圖事」（《王導傳》）。於是「中原亡官失守之士，避亂來者，多居顯位」，「中州人士」皆由難民而一變為「佐佑王業」的顯貴了（參看《晉書‧周玘傳》）。其另一部分士族，則要求政府分剖江南的土地，僑置郡縣，重新過度其地主的生活。他們除了帶來的佃農以外，又招收由北方逃來的一部分貧農為其「蔭客」，以進行其大規模

之土地耕種。所謂「蔭客」，即在大姓庇蔭之下，不納國稅，而以其收入與大姓「量分」的貧農。

這種「蔭客之制」，據杜佑云：西晉已經盛行，「至東晉，其數更加」。因為他們南渡以後，利用江南的肥沃土地與大批流亡的難民，更有可能將這種制度以擴大規模在江南再版。據《南齊書·州郡志》云：「時百姓遭難，流移此境，流民多庇大姓以為客。」《文獻通考》云：「東晉寓居江左……都下人多為王公貴人左右佃客、典計、衣食客之類，皆無課役。」

這種辦法很快就被江南的豪族學會了。於是當「王師歲動，編戶虛耗」之時，而「南北權豪，競招遊食（難民）」。當時這些大姓所包庇的壯丁數目，《山遐傳》云：「遐繩以峻法，到縣八旬，出口萬餘。」一縣之內即可「出口萬餘」，若合當時所有的「僑置郡縣」，則其數當有可觀。這樣一來，少數大姓豪族，自然是大發其國難財，而對於當時政府為了對抗諸族而動員人力與物力的政策，卻發生了極大的阻礙。所以當時顏含看到這種「國弊家豐」的情形，便向王導建議，主張「徵之勢門，使（蔭客）返田桑」。

但是結果，顏含的建議並未為當時的政府所重視。終東晉之世，政治皆為豪族所把持，王、謝、庾、郗，迭嬗執政。以至當時有「王與馬，共天下」之民謠，與「淮流竭，王室滅」

之預言。由此可以想見當時豪族之盛，而其根基不可動搖有如此也。他們把持中央，鬠於宴安，絲竹自隨，清淺度日，幾不知中國北部尚有諸族。結果，文武不和，內外相貳。王敦、蘇峻、祖約、恒玄、王恭、殷仲堪等，相繼叛亂於內，西北諸族壓迫於外，而東晉遂亡。

　　當淪陷區域普通百姓開始逃亡的時候，已經是他們的廬舍丘虛，田園被佔的時候。他們四顧茫茫，無可投依，因而他們的逃亡顯然是無目的的。不過，從歷史記載中，也可以看出他們是向着東南與西南兩個方向逃亡的。其向東南流徙者，都是山東、河北及淮北一帶的人民，他們大概都流徙於蘇、皖、閩、浙。據《晉書·地理志》云：「幽、冀、青、并、兗五州及徐州之淮北流人，相率過江、淮，帝並僑立郡縣以司牧之。」《苟晞傳》云：「頓丘太守魏植為流人所逼，眾五、六萬，大掠兗州。」《地理志》云：「琅邪國人隨帝過江者，遂置懷德縣及琅邪郡以統之。」以後當「胡寇南侵，淮南百姓皆渡江。成帝初，蘇峻、祖約為亂於江淮，胡寇又大至，百姓南渡者轉多，乃於江南僑立淮南郡及諸縣」。此外，還有一部分山西人也逃到東南，據同書云：「上黨百姓南渡，僑立上黨郡為四縣，寄居蕪湖」。由此而知當時北方人民之流徙於東南者，大概都多少獲得一些政府的援助，他們也許在江南獲得了一塊

小小土地，重度其自耕自食的生活，最低限度，也可以投身於大姓而為佃客。

至於向西南流徙者則大部皆為山、陝的人民，他們流徙於四川、豫南、鄂西一帶。

關於陝西人民之移徙，《李特載記》言：元康年間，「關西……百姓乃流移就谷，相與入漢川者數萬家……流人十萬餘口……散在益梁。」又《通鑒》卷八六云：「漢中民東走荊、沔。」

此外當時四川遭李流之亂，四川的人民亦多流徙於湘、鄂或雲南。《李雄載記》：「蜀人流散，東下江陽，南入七郡。」《杜弢傳》云：「巴蜀流人，汝班、蹇碩等數萬家，佈在荊襄間。」《劉弘傳》云：「益梁流人……在荊州十餘萬戶。」《通鑒》卷八五云：蜀民「或南入寧州，或東下荊州，城邑皆空，野無煙火。」甚至雲南的人民也有向安南移徙的，據《通鑒》八六云：「寧州……吏民流入交州者甚眾。」

又據《王彌傳》云：「河東、平陽、弘農、上黨諸流人之在穎川、襄城、汝南、南陽、河南者數萬家。」關於山西人民之移徙，據劉琨向政府的報告云：「臣自涉（并）州疆，目睹困乏，流移四散，十不存二，攜老扶弱，不絕於路」，「并土饑荒，百姓隨騰南下，餘戶不滿二萬。」

這樣看來，今日豫南、鄂西、湘北和四川一帶，正是當時流人集中之地，這些從淪陷區中逃亡出來的流人，他們既不像中原士族一樣，挾着政權南渡江左，仍然可以「鞭笞百越，稱制南州」，以過度其「連騎結駟，高蓋華軸」的侈奢生活；恰恰相反，那些失去了一切的農民，「扶老攜幼」，遠涉山河，「羈旅貧乏」，流困異鄉。政府既不為分剖土地，僑立郡縣；當地的「居人」又視同盜賊，不與合作。他們不是「為舊百姓之所侵苦」，便是「為舊居民所不禮」。在國破家亡而又不能繼續下去的環境之下，流人之中迫於生計，難免不有強暴之徒鋌而走險，流為盜賊。如《劉弘傳》云：「益梁流人蕭條，在荊州者十餘萬戶，羈旅貧乏，多為盜賊。」然而其為盜賊，實不得已。決不如《李流載記》所言，「流人專為盜賊」。或如《華陽國志》所載，「流人恃此，專為盜劫」。陝西流人遂與蜀人「客主不能相制」；同時「巴蜀流人散在荊湘者，與土人忿爭」。

當時政府不察實情，對於西南流人，或則勒令回籍，或則欲於盡誅。前者如對於南陽一帶之關中流人，「有詔遣還鄉里」；後者如對湘州之四川流人，湘州刺史荀眺欲盡誅之。在這樣情形之下，西南流人歸亦死，不歸亦死，於是相率屯聚，煽而為亂，殺戮官吏，攻陷城邑者，到處皆有。其最著者，如

秦安二年，張昌的叛亂，「江沔間一時焱起，樹牙旗，鳴鼓角以應昌，旬月之間，眾至三萬」。攻弋陽，破武昌，攻宛攻襄陽，又破江揚二州，擾亂揚、豫、荊、徐、江五州之地。其次，永嘉二年，王彌的叛亂，豫西的流人，群起回應，以致為諸族所利用。以後永嘉四年，王如、龐實、嚴嶷、侯脫等流人的叛亂，擾亂司、雍二州。最後，永嘉五年，杜弢、汝班、蹇碩等四川流人在湖南所發動的叛亂，南破零陵，東陷武昌，延長五、六年之久。

這些叛亂，考其原因，並非具有任何政治動機，而皆為迫於飢餓，集團求食而已。所以陶侃對於剿滅流人，頗有經驗。其督剿杜弢時所用武器，並非弓矢，而為米粥。流人一見米粥，叛亂即時瓦解。反之，若山簡之剿王如，專用武力，則反而不得不由南陽敗退夏口。由此而知當時西南一帶流人的生活之艱苦實已達到極點。以如此龐大數目的流人，而當時政府不能把他們的力量引向抵抗諸族的方向，反而使他們崩潰決裂，擾亂自己的後方，豈不可歎。

總之，從西晉末到東晉之初，一方面是西北諸族的內徙，一方面是中原民族的南遷，這是中國歷史上一個民族大移動的時代。而民族的大移動則由於中國自三國以來之長期內亂有以啟其漸，而八王之亂，則為其最直接之原因。這一民族大移動

在中國歷史上，固然是表徵西晉勢力的衰落，但也留下了一種積極的影響，即由此而加速了中國南部的發展，並從而展開了後來六朝的文明。

（原載重慶《學習生活》第三卷第二期，1942 年 7 月 20 日）

戰鬥雁門關的楊業及其死

楊家父子之成為傳奇中的英雄，並不是為他們的門第，而是因為他們留下了不朽的功業。

說到楊家父子的功業，我們必須簡略地說說他們所處的時代。楊業父子所處的時代，正是中國史上之北宋的初葉。北宋承五代之後，內則權豪割據，建號稱尊；外則契丹侵凌，威脅中原。當此之時，在大河以南，則孟昶據四川，稱後蜀；劉鋹據廣東，稱南漢；李煜據江南，稱南唐；錢弘俶據兩浙，稱吳越；此外，高保勖據荊南，高保雄據朗州，張文表據潭州；此輩皆據地自雄，袞冕巍峨。在大河以北，自石敬瑭以燕雲十六州割讓契丹後，晉冀北部，久已淪喪。在山西方面，則劉繼元據太原，稱北漢。北漢者，五代時後漢之支裔。自後漢篡於後周，於是後漢河東節度使劉崇，遂倚契丹為外援而自稱北漢，屢傳以至劉繼元。故所謂北漢者，實即契丹之傀儡也。

趙匡胤篡周以後，經過了 16 年的戰爭，總算次第削平了

大河以南的中國。即因把力量完全消耗在對內的戰爭中，所以結果雖群雄破滅，降王滿朝，而望着大河以北，一點辦法也沒有了。據《宋史》所載，趙匡胤曾於開寶二年親征北漢，其弟光義（即太宗）亦曾於太平興國元年，發兵征北漢，但均為契丹援漢之兵所敗。北漢且不能征服，契丹更無論矣。

當此之時，楊業正是北漢的一位無敵將軍。《宋史》本傳云：「業弱冠事劉崇為保衛指揮使，以驍勇聞，累遷至建雄軍節度使。屢立戰功，所向克捷，國人號曰無敵。」這位無敵將軍當時正掌握北漢的兵權，有左右北漢政治的力量。他可以輔佐北漢，繼續在契丹支持之下，與北宋為敵；也可以從北漢政府內部反正效順，奉山西之土地與人民還於北宋。楊業究竟是一個愛國志士，他知道契丹之支持北漢，是利用北漢為傀儡，以伸展其勢力於山西，從而進窺河南，征服中原。楊業也許久懷反正之心，因迫於契丹的監視，不得其間。太平興國四年（979 年），宋太宗大舉親征北漢，契丹之援未至，因此楊業便以「保存生聚」為理由，勸其主繼元降宋。自是以後，山西三萬五千二百二十五戶人民，遂得以回到宋朝，而大宋北方的疆界亦因之伸展至雁門以北。

楊業反正以後，顯然使當時中國的局勢為之一變，這就是把契丹的勢力，從山西驅逐出去了。楊業以為從此他可以

在宋朝政府領導之下，獻身於討伐契丹的戰爭，他不知道宋
朝政府正在推行一種極端的中央集權政治，特別對於兵權，
必須完全掌握在中央政府的手中。北宋政府對於其自己的功
臣夙將，尚且要解除其兵權，對於楊業這樣的降將，當然更
不放心。所以楊業反正以後，他從北宋政府所得到的職務是
鄭州刺史。

　　當宋朝政府在開封祝捷之時，契丹卻大舉進犯山西。為了
抵抗契丹的侵略，宋太宗「以業老於邊事，復還代州兼三交駐
泊兵馬都部署」。楊業還鎮代州以後，曾於太平興國五年大敗
契丹於雁門之北。《宋史》本傳云：「會契丹入雁門，業領麾下
數千騎自西京而出，由小徑至雁門北口，南向背擊之，契丹大
敗。以功遷雲州觀察使，仍判鄭州、代州。自是契丹望見業旗
旌，即引去。」

　　山西為楊業的家鄉，為了保衛家鄉，從而保衛大宋的領
土，楊業奮其忠勇，轉戰於晉北雁門一帶者六年之久，卒使
契丹不敢南向而彎弓。這種輝煌的戰績，是晉北人民親眼看
見的。朝廷委晉北於化外，而楊業保衛之，當然在晉北人民看
來，楊業就是他們的救星。就從這一時代起，他就被人民所歌
誦，所傳說，即因如此「主將戍邊者多忌之，有潛上謗書，斥
言其短者」。甚至太宗對他有所賞賜，都要「密封橐裝」。楊

業在勝利地打擊外敵之後，反而遭受誹謗，這如果誹謗者不是漢奸，那就是因為楊業不是政府的嫡系軍隊。

現在要說到楊業最後的一幕，即戰死陳家谷之役。

據《宋史》所載，雍熙三年（986 年），宋朝政府分軍三路，進討契丹：一路由曹彬等指揮，出雄州；一路由田重進等指揮，出飛狐；一路由潘美指揮，出雁門。當時楊業就是潘美的副將。

三路大軍同時北進。出雁門之軍在楊業的指揮之下，連接克復了雲、應、寰、朔四州。但是當楊業前軍進次桑幹河時，曹彬指揮的河北之軍，已經大敗。河北之軍既敗，出山西的兩路大軍，亦被迫撤退，楊業之軍，亦退回代州。

當此之時，政府知道孤軍深入，必然失敗，所以給潘美的命令，並不是進攻，而是保護雁門關以北的人民向關內撤退。適於此時，契丹主蕭氏與其大臣耶律漢寧、南北皮氏及五押惕隱統十餘萬大軍進陷寰州，逼近雁門。

依據當時形勢，三路大軍，兩路已退，雁門之軍勢成孤軍。而況契丹主力軍已移晉北，敵我形勢甚為懸殊。楊業熟知晉北地理形勢和敵人虛實，所以他不主張冒險出擊。但監軍王侁卻堅持要楊業出擊（按宋之監軍，其職權同於今日之政治部主任），所以結果楊業敗死陳家谷。

《宋史》本傳記楊業與潘美、王侁的對話中可以看出。當時楊業謂潘美等曰：

今遼兵益盛，不可與戰。朝廷止令取數州之民，但領兵出大石路，先遣人密告雲、朔州守將，俟大軍離代州日，令雲州之眾先出。我師次應州，契丹必來拒，即令朔州民出城，直入石碣谷。遣彊弩千人，列於谷口，以騎士援於中路，則三州之眾保萬全矣。

王侁沮其議曰：

領數萬精兵而畏懦如此。但趨雁門北川中，鼓行而往。

業曰：

不可，此必敗之勢也。

王侁曰：

　　君侯素號無敵，今見敵逗撓不戰，得非有他志乎？

業曰：

　　業非避死，蓋時有未利，徒令殺傷士卒而功不
立。今君責業以不死，當為諸公先。

將行，又泣謂潘美曰：

　　此行必不利，業，太原降將，分當死。上不
殺，寵以連帥，授之兵柄。非縱敵不擊，蓋俟其
便，將立尺寸功，以報國恩。今諸君責業以避敵，
業當先死於敵。

因指陳家谷口曰：

　　諸君於此張步兵彊弩，為左右翼以援。俟業轉
戰至此，即以步兵夾擊救之；不然，無遺類矣！

　　由以上的對話，我們可以看出，勒令楊業孤軍出擊者，並

非主帥潘美，而是監軍王侁。至於楊業之慨然走上戰場，是明
知必死而不得不死。不過他總不希望全軍覆沒，所以臨行時，
要求潘美於陳家谷口設步兵伏弩，以為援應。楊業出擊後，潘
美確曾設伏。至於後來之撤退伏兵也不是潘美，又是監軍王
侁。《楊業傳》云：

> 美與王侁領麾下兵，陣於谷口。自寅至巳，侁
> 使人登托邏台望之，以為契丹敗走，欲爭其功，即
> 領兵離谷口，美不能制，乃緣交河西南行二十里。
> 俄聞業敗，即麾兵卻走。業力戰，自午至暮，果至
> 谷口，望見無人，即拊膺大慟，再率帳下士力戰，
> 身被數十創，士卒殆盡，業猶手刃數十百人，馬重
> 傷不能進，遂為契丹所擒。其子延玉亦沒焉。業因
> 太息曰：「上遇我厚，期討賊捍邊以報，而反為奸臣
> 所迫，致王師敗績，何面目求活耶？」乃不食，三
> 日死。

由此足證致楊業於死者，非潘美，乃監軍王侁也。王侁何
以要迫使楊業去打沒有把握的敗仗，我頗疑其與契丹有勾結。
據《王侁傳》云：「契丹使來貢，詔侁送於境上。」又云：「侁

一歲中數往來西邊，多奏便宜。」從這裏便可以找出他暗通敵國的蛛絲馬跡。後來又領蔚州刺史，蔚州近契丹，更有暗通之機會。

但據元曲所載，則頗有差異。元曲《昊天塔》有云：

老夫，楊令公是也，因與北番韓廷壽交戰，被他圍在虎口交牙峪，裏無糧草，外無效軍。這個是我第七個孩兒楊廷嗣，他為搭救我來，被潘仁美攢箭射死，老夫不能得脫，撞李陵碑而亡。

又云：

只恨那潘仁美這個好賊，逼的俺父子並喪番地。

由《宋史》之說，則潘美曾經設伏，以後王侁撤伏，潘美不能制。由元曲之說，則潘美不但未設伏，且七郎突圍求救，亦將其殺害，而援兵始終不出；至於說到楊業的死，《宋史》謂被俘不食死，元曲則謂撞李陵碑而死。總之，不論潘美曾否設伏，而楊業之死則誠如他自己所云，實為「奸臣所迫」而死。王侁一則謂其「畏懦如此」，再則責其「逗撓不戰」，甚

至疑其有「他志」；而必令其在「時有未利」的情形之下孤軍
出擊。既出，而又撤去援兵。如此用心，其為假手外敵，以消
滅異己，實甚顯然。此種陰謀，後來宋代朝廷似乎也知道了。
太宗追悼楊業的詔書中有云：業「方提貔虎之師，以效邊陲之
用，而群帥敗約，授兵不前，獨以孤軍陷於沙漠；勁果猋厲，
有死不回，求之古人，何以加此」。以後並將潘美降級三秩、
監軍王侁、劉文裕除名。雖然如此，亦無補於雁門之敗矣。

　　《宋史》本傳曰：「業不知書，忠烈武勇，有智謀。練習攻
戰，與士卒同甘苦。代北苦寒，人多服氈罽；業但挾纊，露坐
治軍事，傍不設火，侍者殆僵僕，而業怡然無寒色。為政簡
易，御下有恩，故士卒樂為之用。朔州之敗，麾下尚百餘人。
業謂曰：『汝等各有父母妻子，與我們死無益也。可走，還報
天子。』眾皆感泣不肯去。……無一生還者，聞者皆流涕。」
像這樣一個「忠烈武勇有智謀」，而又能「與士卒同甘苦」的
大將，當強敵壓境之時，竟死於排除異己的奸臣之手，豈不
為親者所痛而為仇者所快耶？此宋太宗所以有「聞鼓鼙而思將
帥」之慨也。

　　　　　　　　（原載重慶《中原》第二卷第一期，1945 年 3 月）

在懷柔政策之下倭寇爬上了山東半島

　　倭寇在明代之第一次入寇，是在洪武二年（公元 1369 年）。當時中國的情況，是元代政權已趨崩潰，而明代政權，尚未鞏固。一方面蒙古人的殘餘勢力尚盤據近塞，退守陝、甘；另一方面，與朱元璋同時並起的元末農民「叛亂」，尚未完全平息。當此時也，借農民「叛亂」之力而身為高皇帝之朱元璋，其主要任務，仍然以主力剿平農民「叛亂」，尤其方國珍、張士誠之餘黨。其次要任務，則為防禦蒙古人之反攻。而對於倭寇則認為是內亂之延長，是以自始亦抱定一面懷柔，一面抵禦的優柔政策。

　　朱元璋總以為倭寇侵掠乃前此與逐鹿東南的方國珍、張士誠之餘黨所勾結，即所謂「諸豪亡命，往往糾島人入寇山東濱海州縣」。實際上，直至洪武三年，倭寇尚不知中國已改換了王朝。這從倭王良懷對明使趙秩的談話中可以看出：「『天使亦趙姓（元世祖曾遣使趙良弼招倭），豈蒙古裔耶？』（秩）

徐曰：『我大明天子神聖文武，非蒙古比，我亦非蒙古使者後。』[1] 不過，當時勾結倭寇的漢奸，確大有人在。但此等漢奸，並非當時的「諸豪亡命」，而是朱元璋之親信，亦即明代政府之首相胡惟庸。《明史・太祖本紀》：「（洪武）十三年，胡惟庸謀逆，欲借日本為助。乃厚結寧波衛指揮林賢，佯奏賢罪，謫居日本，令交通其君臣。尋奏復賢職，遣使召之，密致書其王，借兵助己。賢還，其王遣僧如瑤率兵卒四百餘人，詐稱入貢，且獻巨燭，藏火藥、刀劍其中。既至，而惟庸已敗，計不行。」

　　吾人讀史至此，而慨然有感於天下之變，往往不生於其所疑，而生於其所不疑。結倭寇以謀朱元璋者，並非其敵人之殘黨，而為朝夕與共、委以大權之胡惟庸。此朱元璋之所以引為痛心者也。

　　另一方面，明初的部分農民由於生活所迫，不得不淪為盜賊，甚至被敵人所利用。據《明史・日本傳》：「洪熙時，黃岩民周來保、龍岩民鍾普福困於徭役，叛入倭。倭每來寇，為之嚮導。」又云：「成化四年夏，乃遣使貢馬謝恩，……其通事三人，自言本寧波村民，幼為賊掠，市與日本。」誠以當時中

1　《明史・外國列傳・日本傳》。

國人民被倭寇擄以去者，其數正多也。證之洪武四年，倭「遣其僧祖來……送還明、台二郡被掠人口七十餘」[1]，即可知矣。

據《明史》，洪武四年，倭一面「遣其僧祖來奉表稱臣，貢馬及方物」；另一面，卻於同年掠溫州，五年掠寇海鹽、澉浦，又寇福建海上諸郡，六年又寇登、萊。同時明朝一面「命僧祖闡、克勤等八人送使者（祖來）還國，賜良懷《大統曆》及文綺紗羅」；而另一面，又遣吳禎、于顯出海巡倭至琉球大洋。此種情形，一直繼續到成化時代。即在倭寇侵掠中，信使往還，未嘗斷絕也。

由於明初之優柔國策，遂使倭寇貢使橫行中國。據《明史》：「景泰四年入貢，至臨清，掠居民貨。有指揮往詰，毆幾死。所司請執治，帝恐失遠人心，不許。」「成化四年……十一月，使臣清啟復來貢，傷人於市，……帝俱赦之。」「弘治九年三月，王源義高遣使來，還至濟寧，其下復持刀殺人。」「自是使者益無忌。」並由此而啟倭寇入犯之漸，如在永樂十七年，倭大舉寇遼東。正統四年，「倭船四十艘，連破台州，桃渚，寧波，大嵩二千戶所，又陷昌國衛，大肆殺掠。

---

1 《明史·外國列傳·日本傳》。

八年五月，寇海寧。」[1]假使明代政府能於當時對倭強硬，決定禦倭國策，亦未始不能抑其囂張於既漸之後；然而不此之圖，而傍徨於「懷柔」與「防禦」之間，以至釀成嘉靖年間倭寇之大入寇，實可慨也。

（選自《論明代的倭寇與禦倭戰爭》，1940 年 7 月 30 日）

---

1 《明史・外國列傳・日本傳》。

論明代海外貿易的發展

一、中國商人很早就到了南洋

我們知道歐洲人最初進入南洋的是葡萄牙人，以後才是西班牙、荷蘭、英、美輪班更替。葡萄牙人之到達麻剌甲是明正德七年（1512年）。西班牙人之到達呂宋群島是明正德十四年（1519年）。荷蘭人之到達爪哇、蘇門答剌是明萬曆二十五年（1597年）。英國人之到達爪哇等地是萬曆二十八年（1600年）。至於美國之佔領菲律賓則是更後的事，而日本的勢力之伸入南洋乃是在第一次世界大戰以後。

然而中國與南洋的關係，則早在五六世紀晉魏的時代，便與印度有佛教徒的來往。在 7 世紀，唐高宗咸亨二年（671年），中國僧義淨便由南海入印度，經二十五年，歷三十餘國，得梵本經論近四百部，合五十萬頌而回。到 8 世紀中葉，玄宗開元二十九年（741年），「釋不空附舶達獅子國（錫蘭），

廣求密藏，及諸經論五百餘部，至天寶五年（746 年）而還。」雖然這一時代的南洋航行，都沒有帶着商業的意義，然而中國人的足跡，則早在 8 世紀前，已經踏到印度洋的沿岸了。

從 10 世紀後中國與南洋的關係，便帶着商業的性質了。如果以前是封建的朝貢關係，則 10 世紀後便是貿易關係了。據《宋史・食貨志》云：「（宋太宗）雍熙中（984 — 987 年），遣內侍八人齎敕書金帛，分四路招致海南諸番。商人出海外蕃國販易者，令並詣兩浙市舶司，請給官券。」

到十三四世紀，據《星槎勝覽》記交蘭山國云：「胡元之時，命將高興、史弼領兵萬眾，駕巨舶，往闍婆（爪哇）國，遭風至於交蘭山下。其船多損，隨登此山，造舡百號，復征闍婆，得勝，擒其酋長四國，是此知之。至今民居有義中國人雜處，蓋此時病卒百餘，留養不歸，而傳生育。」

中國與南洋的關係之更大的發展，要算是 15、16、17 三世紀間，以明永樂初到宣德末（1405 — 1430 年）三保太監鄭和等七下西洋起，以後歷明正統到萬曆中葉（1436 — 1600 年）二百年間，中國人在南洋一帶，均握有政治、經濟上之最大權威。一直到萬曆中葉以後到明末（1600 — 1644 年），由於歐州資本主義的東漸，中國人在南洋的地位，才衰退下來。雖然，一直到現在，中國人在南洋各地，雖失掉其政治的優越地

位，而在經濟上，仍然有其不可動搖的基礎與力量。這種力量，不是一天兩天用武力建築起來的，而是在幾百年長期的歷史過程中發展出來的。所以無論南洋一帶的統治種族如何變更，而中國人在南洋的勢力是不會消滅的。不但如此，而且毫無疑義地，在爭奪南洋的戰爭中，中國的僑民還有一個決定的力量。

二、鄭和所領導的海洋探險

現在我們要說到 15 世紀，中國開闢南洋的幾個人物。首先要說到的便是「七下西洋」的鄭和。

鄭和是怎樣一個人呢？據《明史》本傳云：「鄭和，雲南人，世所謂三保太監者也。初事燕王於藩邸，從起兵，有功，累擢太監。……經事三朝（成祖、仁宗、宣宗），先後七奉使，所歷占城、爪哇、真臘、舊港、暹羅、古里、滿刺加、渤泥、蘇門答刺、阿魯、柯枝、大葛蘭、小葛蘭、西洋瑣里、瑣里、加異勒、阿撥把丹、南巫里、甘把里、錫蘭山、南渤利、彭亨、急蘭丹、忽魯謨斯、比刺、溜山、孫刺、木骨都束、麻林、刺撒、祖法兒、沙里灣泥、竹步、榜葛刺、天方、黎伐、那孤兒，凡三十餘國。所取無名寶物，不可勝計，而中國耗

費亦不貲。……自和後，凡將命海表者，莫不盛稱和以誇外番，故俗傳三保太監下西洋，為明初盛事云。」

這樣看來，鄭和雖然是一個宦官，但他卻與歷來的宦官不同。他並不專門包圍皇帝，陷害忠良，而以畢身精力，致之於海洋探險。他發見了許多為當時中國人所不知道的世界，直接替中國人民在南洋一帶開闢一個新的世界；間接擴大了中國人的地理知識。他不僅在中國歷史上是一個傑出的偉人，就在世界史上，他的名字也和狄阿慈、達‧伽馬及哥白尼等人的名字一樣，永為人類所記憶。所可惜的，就是中國沒有繼續出現哥倫布和麥哲侖，因而也就沒繼續發現美洲，和完成世界的周航。

與鄭和同行出使的，還有一位宦官王景弘和許多無名的水手，此外還有一位宦官侯顯，也曾經兩次出使西洋。這些都是15世紀中國開闢南洋的英雄，可惜他們的事蹟史無紀載，我們無法得知其詳。

明代政府為什麼忽然派遣鄭和等出使西洋，這是值得研究的一件事。關於這一點，《明史》上有一段簡略的紀載：「成祖疑惑帝亡海外，欲縱跡之；且欲耀兵異域，示中國富強。」我想《明史》上的這幾句話，乃是後來史家揣測之辭，不足以說明鄭和七下西洋的原因。固然當時關於惠帝有着各種不同的傳

說，有的說惠帝燒死在宮裏，有的說惠帝「不知所終」，有的說他「由地道出亡」，還有說他「在滇為僧」的，但決沒有惠帝「出洋當寓公」之說。因之，即使成祖為了消滅他的政敵要蹤跡惠帝，也用不着遠到南洋，甚至非洲的東岸。至於毫無目的地「耀兵異域」，也是不能成為理由的。

非常明白，鄭和之七下西洋，乃是中國當時商業發達的結果。中國的商人，已經不能滿足於國內市場，而需要尋求海外的市場。鄭和等之出使南洋，乃是充任中國商業資本的代表。

鄭和航行南洋先後七次。

第一次的時間，是永樂三年六月到五年九月（1405—1407年），往返共兩年零三個月。他這一次航行，帶了「士卒二萬七千八百餘人，多資金幣，造大舶，修四十四丈、廣十八丈者六十二」[1]。他這一次的航線，據《明史》所載：「自蘇州劉家河泛海，至福建，復自福建五虎門揚帆，首達占城（西貢），以次遍歷諸番國，宣天子詔，因給賜其君長，不服則以武懾之。」[2] 這裏所謂諸番國，《明史》並未列舉其名，但從「和獻

---

1 《明史·鄭和傳》。

2 《明史·鄭和傳》。

所俘舊港首長（陳祖義）……戮於都市」[1]一語看來，則其曾至舊港，蓋無可疑。

　　第二次的時間是永樂六年九月至九年六月（1408—1411年），往返時間為兩年零九個月。這一次的航程，已經越過馬來海峽達到錫蘭島，並且與錫蘭島的土人發生過戰爭。據《明史》：「錫蘭山國王亞烈苦奈兒誘和至國中，索金幣，發兵劫和舟。和覘賊大眾既出，國內虛，率所統二千餘人，出不意，攻破其城，生擒亞烈苦奈兒及其妻子、官屬。劫和舟者聞之，還自救，官軍復大破之。九年六月，獻俘於朝，帝赦不誅，遣歸其國。」[2]

　　第三次的時間，是永樂十年十一月至十三年七月（1412—1415年），往返共兩年零八個月。這一次的航程，《明史》上紀載者僅蘇門答剌一地。《明史》云：「和等往使，至蘇門答剌。其前偽王子蘇幹剌者，方謀弒主自立，怒和賜不及己，率兵邀擊官兵。和力戰，追擒之喃渤利，並俘其妻子。以十三年七月還朝。」[3]

---

1 《明史・鄭和傳》。

2 《明史・鄭和傳》。

3 《明史・鄭和傳》。

第四次的時間，是永樂十四年冬至十七年七月（1416 — 1419年），往返約兩年零十個月左右。這次的出使，是為了報聘。其所到之地甚多。據《明史》：「滿剌加（麻六甲）、古里（孟買）等十九國，咸遣使朝貢，辭還。帝復命和等偕往，賜其君長。」[1] 據此，則此次航程，已經達到了印度的西部。

第五次的時間是永樂十九年春至二十年八月（1421 — 1422年），往返約一年零五六個月。這次所到的地方與第四次所到的相同。

第六次的時間，是永樂二十二年正月至仁宗洪熙元年回國（1424 — 1425 年），往返共計約一年有餘。這一次的出使，主要的任務，仿佛是為了送委任狀到舊港去的。據《明史》：「舊港酋長施濟孫請襲宣慰使職，和賫敕印往賜之。比還，而成祖已晏駕。」[2]

第七次的時間，是宣宗宣德五年六月（1430 年），至何時回國，《明史》並未說明。但照《明史》所載：「帝以踐祚歲久，而諸番國遠者猶未朝貢，於是和、（王）景弘復奉命歷忽魯謨斯（在波斯灣）等十七國而還。」則此次航程所至已渡過印度洋

---

1 《明史 · 鄭和傳》。

2 《明史 · 鄭和傳》。

遠至波斯灣，甚且達到阿拉伯南端的祖法兒、剌撒，及紅海口之阿丹，乃至非洲東岸之木骨都束、卜剌哇及竹步等地。

除鄭和、王景弘外，同時，侯顯亦曾兩次出使南洋。

第一次是永樂十三年（1415 年）七月出發，何時返國並無明文紀載。這次出使的目的，是因為「帝（成祖）欲通榜葛剌諸國，復命顯率舟師以行，其國即東印度之地，去中國絕遠。其王賽佛丁遣使貢麒麟及諸方物」[1]。

第二次是永樂十七年（1420 年）九月出發，亦未載明回國日期。這一次航行的目的地還有到榜葛剌，而其主要任務則是為調解沼納樸兒與榜葛剌的戰事。據《明史》：「榜葛剌之西，有國曰沼納樸兒，地居五印度中，古佛國也，侵榜葛剌。賽佛丁告於朝（明朝）……（成祖）命顯往宣諭，賜金幣，遂罷兵。」[2]

根據以上的史實看來，在 15 世紀初葉，中國人的勢力不僅達到南洋群島，而且已經越過印度洋，遠至波斯灣、阿拉伯乃至非洲的東岸。而在這同一時期，歐洲人的海洋冒險者，還沒有夢想印度洋和太平洋的世界。一直到 1415 年，他們才發現非洲的西岸而已。

---

1 《明史·侯顯傳》。

2 《明史·侯顯傳》。

三、從南洋到東非都有中國的商船

　　鄭和等的南洋航行，不僅說明了明朝政府對於海外——尤其南洋——貿易的積極注意，和當時中國政治勢力已經伸展到南洋各地，握有極大的經濟的和政治的權威。他們需要祖國的政治力量，幫助他們繼續擴大商路，開闢市場。

　　根據許多史實，我們可以看出在鄭和出使之前以及與鄭和出使的同時，尤其鄭和出使以後，中國的商人，繼續不斷地遠涉南洋，中國與南洋的國際貿易，已經達到了繁榮的境界了。

　　據《明史》外國列傳中關於南洋和西洋一帶的國家和地區之列傳，計有琉璃、呂宋、合貓里、美洛居、沙瑤、吶嘩嘽、雞籠、婆羅、麻葉甕、古麻剌朗、馮嘉施蘭、文郎馬神、占城、真臘、暹羅、爪哇、三佛齊、淳泥、滿剌加、蘇門答剌、須文達那、蘇祿、西洋瑣里、瑣里、覽邦、淡巴、百花、彭亨、那孤兒、黎伐、南勃利、阿魯、柔佛、丁機宜、巴剌西、佛郎機、和蘭、古里、柯枝、大小葛蘭、錫蘭山、榜葛剌、沼納樸兒、祖法兒、木骨都束、不剌哇、竹步、阿丹、剌撒、麻林、忽魯謨斯、溜山、南巫里、加異勒、甘巴里、急蘭丹、沙里灣泥、底里、千里達、失剌比、古里班卒、剌泥、白葛達、拂菻、意大里亞等六十餘國。在這六十餘國中，鄭和等所達到

者不過「三十餘國」，則尚有一半的地方，中國政府的政治勢力，還沒有達到。但是中國的商人，卻早遍佈各地，這是可以斷言的。

在這六十幾個國名中，除琉球、呂宋、婆羅、暹羅、爪哇、柔佛、蘇門答剌、錫蘭、荷蘭九個地名外，其餘皆與現在的地名譯音不同。因而對於這些地名之考證，頗有不同之議。如佛郎機，梁啟超謂應為西班牙，有人則謂為法蘭西譯音之轉，又有人謂應為葡萄牙。如滿剌加與美洛居，《明史》各立傳，顯係兩個地方，而梁啟超則謂係一個地名之兩種譯音。另有人則謂滿剌加為今之麻六甲，美洛居為今之摩鹿加。諸如此類，論者不一。

關於以上各國的地位之究明，對於當時中國與南洋的關係之了解是非常重要的。梁啟超作《鄭和傳》曾依據《瀛涯勝覽》及《星槎勝覽》二書，將以上諸國分為六組：（一）馬來半島以東諸國凡十五，如爪哇、占城、真臘、暹羅等。（二）滿剌加諸國凡四，即麻六甲等。（三）蘇門答剌諸國凡七，如三佛齊、南浡里等。（四）印度諸國凡六，如錫蘭、古里、柯枝、葛蘭等。（五）亞剌伯諸國凡五，如祖法兒、剌撒、阿丹等。（六）亞非利加諸國凡三，如木骨都束、卜剌哇、竹步等。但除此以外，尚有波斯灣諸國，如忽魯謨斯等。

這樣的分類，雖然不完全可靠，但依據史乘所載的方向及行程，是不會有很大的錯誤的。我們只要明白了這些國家的大概地位便可以知道當時中國商人勢力所及的範圍。

四、明代商人在南洋——不知幾人稱帝幾人稱王

當時中國商人走到南洋的時候，南洋各地的社會經濟，極不一致，有些地方，經濟水準發展特高，有些地方則還停留在原始的歷史階段，這以當時中國商人與南洋各地土人的貿易中所使用的貨幣可以看出。

當時南洋各地，有用現物交易者。如祖法兒則以乳香、蘇合油等換中國之紵絲、磁器，琉球以馬易中國之磁器、鐵釜。暹羅以海趴為輔幣。有用金銀為貨幣者，如暹羅，「以銀豆為幣，大者熏四餞，中者一錢，次者五分，小者二分五厘，其名曰潑。皆王鑄字號，法不得剪碎」[1]。如占城「交易用銀或七成淡金」[2]。如忽魯漠斯「交易用銀錢」。如何枝用金銀，「彼處金

---

1 《海國圖志》卷五。

2 《瀛涯勝覽》。

錢一千八百個，值銀一百兩」[1]。

有用銅幣者，如爪哇「皆以銅錢相易」[2]，但亦有銀幣與鉛幣。《東西洋考·爪哇考》云：「來往貿易用銀錢，如本夷則用鉛錢。」

有用鐵幣者，如白葛達「市易用鐵錢」。

有用錫幣者，如滿剌加，「貿易以錫行，大都錫三斤當銀一錢。」[3]

有用鉛幣者，如「舊港則用鉛錢矣」[4]。如文郎馬神「市用鉛錢」[5]。由以上的史實看來，大概當時南洋各地金屬貨幣，已成為普通之交易工具，但在某些地方，尤其在阿拉伯及東非沿岸各國，則間亦有停滯在現物交易之階段者。

關於中國商人在南洋各地貿易方式，也有各種不同的情形。

有居留南洋設立戶舖者，如在思吉港，「向就水中為市。比來販者漸夥，乃漸築錦舍」[6]。如在彭亨，「國王為築舖舍數

---

1 《瀛涯勝覽》。

2 《瀛涯勝覽》。

3 《海國圖志》卷六引明黃衷《海語》。

4 《東西洋考》卷三。

5 《東西洋書》卷四。

6 《東西洋書》卷四。

間，商人隨意廣狹，輸其稅而託宿焉，即就舖中以與國人為市」[1]。此外，如在琉球之中國「逋逃罪人」，在呂宋之「久居不返」的中國商人數萬，在美洛居之「遊說兩國」的「華人流寓者」，在婆羅之「據其地而王之」的「閩人」，在麻葉甕的「留此不歸」的「病卒百餘」之後，在真臘之「唐人」，在暹羅之「汀州人」，在爪哇的「新村」之「廣東人」，在三佛齊之「閩、粵軍民」「數千家」，在淳泥二千餘流寓的華人，在滿剌加之「唐人」等，皆係長期住留，所謂「長子孫」者。他們開設店舖，相聚成村落。

其次，則為定期交易，一如中國內地之墟集。如在真臘，互市時間，每日上午，以清晨到日中。所謂「每日一墟，自卯至午，則罷」[2]。

此外，亦有就船上貿易者。如在丁機宜，「夷亦只就舟中與我人為市，大率多類柔佛」[3]。在柔佛，「我舟至止，……貿易只在舟中，無復舖舍」[4]。在思吉港，「我舟到時，諸國鱗次饒洞

---

1 《東西洋書》卷四。

2 《東西洋書》卷四。

3 《東西洋書》卷三。

4 《東西洋書》卷四。

以與華人貿易。……向就水中為市」[1]。因就船上貿易之故，當時碼頭大半都設有欄柵。如在滿剌加，「凡中國寶船到，彼則立排柵如城垣」[2]。

當時，南洋各地也許有些是不抽稅的自由港，但大半都是要納稅的。據《東西洋考》所記，其在淳泥（大泥），稅額「華人銀錢三枚」。其在彭亨，「舟抵岸，國有常獻」。其在柔佛，「我舟至止，都有常輸」。其在交址，「酋所須者輦而去」。其他各地因地而異，可惜史無明文，無可考證。

當時中國人在南洋一帶，除經營商業以外，還有經營礦業和農業以及森林種植的。

據《海國圖志·大泥國志》引《海錄》云：「中華人到此淘金者，船多泊吉蘭丹港門。」又云：「……南行十餘日則至呀喇頂，與彭亨後山麻姑產金處相連……中國至此者，歲數百，閩人多居埔頭，粵人多居山頂。山頂則淘取金沙，埔頭則販賣貨物及種植胡椒……居吉蘭丹山頂淘金欲回中國者，至埔頭必先見王……」由此可知當時居留南洋的商人，亦有同時從事礦業及農業經營者。

1　《東西洋書》卷四。

2　《瀛涯勝覽》。

　　當 17 世紀初，因為採金在呂宋還釀成一件機易山的大慘案。據《明史·呂宋傳》云：「（萬曆三十年，1602 年）有閻應龍、張嶷者，言呂宋機易山素產金銀。採之，歲可得金十萬兩、銀三十萬兩。以三十年七月詣闕奏聞，帝即納之。……而呂宋人終自疑，謂天朝將襲取其國，諸流寓者為內應，潛謀殺之。明年，……（華人）先後死者二萬五千人。」

　　總之，在十六七世紀時，中國人之在南洋者，挾其手工業製造品及比較進步之生產技術，走入南洋各地，已掌握了南洋各地之經濟命脈。他們最初是用手工業製品交換南洋各地的金銀和農產品，以後便自己從事開發。誠如梁啟超所云：「若群島之礦業，暹羅、緬甸、越南之農業，群島及暹羅之森林，乃至全部之工商業，其在我國者，十而八、九」。

　　當時中國的商人，既握有南洋各地的經濟權威，因而在某些地方，便參加了當地的政治，甚至建立了自己的政權。據梁啟超《中國殖民八大偉人傳》所述，則當時中國人在南洋一帶，已經建立了許多殖民地國家。如：

　　　佛齊國王梁道明。王，廣東南海人也⋯有陳祖義者，亦粵人，本海盜，王撫之，使為舊港頭目。又三佛齊國王張璉。王，廣東饒平人也。

爪哇順塔國王某。王，廣東人，佚其姓名。

暹羅國王鄭昭。王，廣東潮州人也。

戴燕國王吳元盛。王，廣東嘉應人也。

昆甸國王羅大。王，廣東嘉應人也。

英屬海峽殖民地開闢者葉來。葉君，廣東嘉應人也。

婆羅國王某。王，福建人，佚其姓名。[1]

除此以外，中國人在暹羅則「理國政，掌財賦」。而「汀州人謝文彬仕至坤嶽，猶天朝學士也」。

在爪哇則建立「新村」，「其村主即廣東人」[2]。

在三佛齊，「有施進卿者，亦廣東人也。……就賜施進卿冠帶，俾歸其國，以為大頭目，主其地方。後進卿死，不傳位於子，以女施二姐襲替。一切賞罰黜陟，皆從其制」[3]。在菲律賓，則有「寓俠潘和五。和五，閩人也」[4]。在美洛居，則華

---

1 《明史》。

2 《明史》。

3 《瀛涯勝覽》。

4 《中國殖民八大偉人傳》。

人遊說之士有力量可以調停紅毛番（荷蘭）與佛郎機的戰爭。在真臘，萬曆時，「番人殺唐人罪死，唐人殺番人則罰金」[1]。在合貓里，則「華人入其國，不敢欺凌」。據此，我們知道，在十六七世紀，歐人東漸之前，中國人在南洋不但握有經濟的權威，而且也建立了強大的政治支配，稱帝稱王於南洋一帶者不知有若干人。這真是中國人在南洋的黃金時代。中國人在南洋的勢力之衰歇，一方面固然是由於歐洲資本主義之東漸；而另一方面，也是由於明代自萬曆以後，內則權奸與閹宦專政，黨派紛爭，外則倭寇為患，東南騷然，以致政權無力保護海外商人，接着便是農民起義，清兵入關，以致海外貿易不能繼續發展，而列強則以向上之勢伸入遠東，於是南洋遂由中國之手轉入列強之手。但是由於中國人在南洋一帶的歷史關係之悠久，所以一直到現在，南洋雖然換了幾個支配的主人，而中國人在南洋的經濟勢力，仍有其根深蒂固的基礎，而不易為政治的暴力所撼動。

（原載重慶《時事類編特刊》第六十三期，1941 年 4 月 20 日）

---

1 《明史》。

論明代的閹宦及閹黨政治

一、閹宦的一般屬性及閹黨政治之出現

讀明史者，無不慨然於閹宦專政，造成明朝政治的黑暗與腐敗，而卒至國家傾覆，社稷淪喪。

閹宦用事，在中國整個封建時代，幾於無代不有，而漢唐尤甚，然而從未有如明代的厲害。明代閹宦，亦非自始即為禍於政治，而其造成中國歷史上閹禍的空前記錄是在明代的末年。這是什麼緣故呢？歷來史家多歸結於「主君臣暗」有以啟之。換言之，即凡閹禍之起，皆由於閹宦有超人之智而君主有過人之愚，兩者適相遇而遂成其禍，蓋純為偶然的事情。然而吾人徵之史實，則殊不盡然。在明代歷史上，閹宦之禍始於英宗，盛於武宗，極於熹宗，而終於莊烈帝。此四君者，並非庸愚；同時，明代閹宦為禍最烈者，是王振、劉瑾與魏忠賢，而此三閹，也並沒有過人之智。誠然，「從來閹宦之禍，其始莫

不有小忠小信，以固結主心」。而所謂「小忠小信」，也就是一種奸巧之智，然而若即以此而謂為閹宦專政的原因，那是顛倒閹禍的因果了。

閹宦本是一種制度，這種制度，在中國封建專制政治體系中，實為一重要的構成因素。與歐洲中世紀的家臣，性質是相類似的。假使西歐封建貴族之家臣多由古代的奴隸而轉化，則中國之閹宦亦多出身於農奴或貧農。因為中人之子，就沒有自願閹割而為封建貴族之家奴者。因此閹宦在中國封建社會中，其地位本甚微賤，而為歷來士大夫所不齒；但其地位又甚重要，往往反而超過了士大夫。這是由於士大夫與閹宦，雖同為封建君主的臣屬，而閹宦則因接近君主，常能挾君主以令士大夫。士大夫亦往往欲消滅閹宦的權威，然而多以格於君主的偏袒，而卒無如之何。所以每當君主欲施行絕對專制主義之時，往往任用閹宦以抑制官僚。再則每當人民「叛亂」之際，君主深恐士大夫中的失意者勾結人民，於是也多任用閹宦以削奪士大夫之權，從而鎮壓人民的異動。

閹宦既出身於農奴或貧農，何以一旦走入宮庭，就轉而成為封建君主壓迫人民的工具呢？這往往為史家所不解。實際上，此理至為明顯，因為人類行動的方面，並非根據於其過去的地位，乃根據於其現在所處的地位。假使農奴或貧農，在

其未走入宮庭以前，是以反對封建剝削為有利；則既入宮庭以後，即轉化為封建貴族的扈從以後，便與封建貴族的利害一致，因而又是以擁護並執行封建剝削為有利。故歷來宦官未有不仇視人民的。由此，吾人深知所謂閹宦者，實封建君主用以運用權力的活塞。尤其在封建政權臨於腐化或沒落的當時，封建君主為了搶救其臨危的政權，因而必須集中政權在自己手中的時候，則閹宦往往成為時代的寵兒。如此，吾人又深知，閹宦專政的原因，因不能從君主或閹宦個人的性格得到說明，而必須根據當時社會的內容，才能說明。為在事實上，與其總因閹宦的專政才造成政治的腐敗，毋寧說是政治的腐敗，才能使閹宦佔有政治上的重要地位。換言之，閹宦專政不是特徵着個人的腐敗，而是特徵着整個封建政治機構的腐敗。

閹宦地位既然如此卑賤，但其影響政治何以又如此重大呢？吾人以為此理也最易明白。因為閹宦竊權之際，必然是封建政權沒落之時，也就是封建君主努力集中政權之時。在這時候，封建君主不但把人民看成仇敵，即對於其所臣屬的士大夫也不信任，然而又不能自己拿起武器，以鎮壓一切可能的叛變，於是閹宦就被封建君主認為唯一的助手了。

封建君主何以信任閹宦而不疑，這是由於封建君主認為閹宦既經閹割，除效忠於君主以外，已滅絕人生應有的一切希

望，比之具有一己的私慾的士大夫輩，其可靠性當不可同日而語。初未料到這種滅絕人性的家奴可以超主人而上之，更未料到他們可以勾結士大夫或人民而出賣他們的主人。所以閹宦的權力，並非存在於其自身，而是乘封建社會之弊，通過君主的權力，使君主的權力變為自己的權力。

閹宦之權往往超於一切者，即因他們直接影響的是君主。假使一個農奴所影響者非君主而是一平民，則其影響自然不大。正因王振所挾持者為英宗，劉瑾所挾持者為武宗，而魏忠賢所挾持者為熹宗，此輩被挾持者都是明代的君主，所以他們才能壓服君主以下的任何人。所以我說，王振、劉瑾、魏忠賢等，都不過是明代歷史上的偶然的因素，而非閹宦的必然的屬性。其所以造成閹禍之空前紀錄者，則是表徵着明代封建社會的一定內容。

二、明代中葉以前的閹黨與貪污政治

在明代初葉，當封建社會秩序穩固之時，並沒有閹宦專擅之事。當時明太祖雖一面殘殺功臣，然而另一方面，卻集中士大夫以圖恢復封建秩序，所以當時政治在士大夫而不在閹宦。明太祖曾鑄鐵牌置宮門曰：「內臣不得干預政事，預者斬。」

《明史‧宦官列傳》有云：「蓋明世宦官出使、專征、監軍、分鎮、刺臣民隱事諸大權，皆自永樂間始。」[1] 又說：「自永樂後漸加委寄，然犯法輒置重典。」例如宣宗時，「袁琦令阮巨隊等出外採辦。事覺，琦磔死，巨隊等皆斬。又裴可烈等不法，立誅之。諸中官以是不敢肆」。

到正統年間，外則東南沿海有倭寇之患，西北甘、涼有韃人寇，內則農民起義軍葉宗留等轉戰於福建、浙江、江西。鄧茂七等轉戰於福建。尤其額森南犯，進逼京師。同時，河決，淹地二千餘里，壞城垣廬舍，溺死男婦不可勝計。天災人禍，交逼迭乘，明代政權，漸趨動搖。於是閹人王振乘機勸帝「（英宗）用重典御下，防大臣欺蔽，於是大臣下獄者不絕，而振得因以市權」。其權勢之大，至當時「公侯勳戚，呼曰翁父」。及「籍其家，得金銀六十餘庫，玉盤百，珊瑚高六、七尺者二十餘株，他珍玩無算」[2]。其貪污可知。此後，曹吉祥利用封建貴族內部的矛盾，奪門移宮，擁英宗復辟，遂至「門下廝養冒官者，多至千百人」[3]。其他如韋力轉「僭用金器若王

---

1 《明史‧宦官列傳‧序》。

2 《明史‧宦官列傳‧王振傳》。

3 《明史‧宦官列傳‧曹吉祥傳》。

者」[1]，而曹欽且有「自古有宦官子弟為天子者乎」[2]之問。故史家曰：「明代閹禍，始於王振。」

到成化年間，大江南北，水旱頻仍，內則流賊起於荊、襄，苗、瑤叛於川、滇，外則韃靼入寇，進逼近塞，於是「列官校刺事「又為必要。而汪直之徒，便得以乘間俟隙而起。「提督西廠」，「屢興大獄」，錦衣遍天下，「自諸王府邊鎮，及南北河道，所在校尉羅列，民間鬥詈雞狗瑣事，輒實置法，人情大擾」。酷刑考訊，作為「三琶」，「（三）琶者，錦衣酷刑也，骨節皆寸解。」[3]而其同黨尚銘之徒，憑藉東廠，恣其威福。「聞京師有富室，輒以事羅織，得重賄乃已。賣官鬻爵，無所不至。」此外梁芳之流，「貪黷諛佞……取中旨授官，累數千人」[4]。芳黨韋眷，「為廣東市舶太監，縱賈人通諸番，聚珍寶甚富」[5]。後來到弘治年間，太監李廣利用孝宗的愚昧，「以符籙禱祀蠱帝，因為奸弊。矯旨授傳奉官……四方爭納賄賂。

1　《明史‧宦官列傳‧韋力轉傳》。

2　《明史‧宦官列傳‧曹吉祥傳》。

3　《明史‧宦官列傳‧汪直傳》。

4　《明史‧宦官列傳‧汪直傳》。

5　《明史‧宦官列傳‧韋眷傳》。

又擅奪畿內民田，專鹽利巨萬」[1]。雖然，直到弘治年間，閹宦之輩，盜竊政權則有之，而左右政權則未做到。其所以尚不能左右政權者，是因為黨羽未成，即遭殲滅。正如《明史》所云：「中葉以前，士大夫知重名節，雖以王振、汪直之橫，黨羽未盛。」而也由於當時社會還不十分需要閹宦。

三、正德年間的閹黨與廠衛政治

閹宦之禍到了劉瑾，就踏進歷史的新階段。《明史》中說：「至劉瑾竊權，焦芳以閣臣首與之比，於是列卿爭先獻媚，而司禮之權居內閣上。」[2]論者曾說，劉瑾的專橫，實由於武宗的「耽樂嬉遊，昵近群小」[3]所促成了的。誠然，明武宗實是中國歷史上的一個特殊的皇帝，他似乎不滿足於「皇帝」的尊號，嘗自稱為「威武大將軍」或「大慶法王」，而以為「皇帝」應身兼軍政教三大權，並為其首長。又不滿足於後庭三千粉黛，嘗「急裝微服」巡遊民間，「夜入人家，索婦女，帝大

---

1 《明史・宦官列傳・李廣傳》。

2 《明史・宦官列傳・序》。

3 《明史・武宗本紀・贊》。

樂之，忘歸，稱曰『家裏』」。也不滿足於龍樓鳳閣，而另於
宣府「建鎮國府第」，「輦豹房珍玩女御實其中」[1]，恣為淫樂。
但如即以此當做劉瑾專擅的原因，未免是一偏之論。因為既是
武宗私人生活墮落、腐敗，也只能看做明代封建政權漸趨腐敗
的表徵。

　　具體的史實，指示吾人，明當武宗時，「連歲饑，四方盜
賊並起，湖廣則沔陽賊楊清、邱仁等出沒湖湘間。江西則東
鄉賊王鈺五、徐仰山等，桃源賊汪澄二、王浩八等，華林賊
羅先權、陳福一等，各據山寨。而贛州大帽山賊何積欽等，
復蔓延福建、廣東之境。四川則保寧賊藍廷瑞、鄢本恕、
廖惠等，擁眾至數萬。官軍討之，不能克，群盜還日熾」[2]。
同時，劉六、劉七叛於霸州，轉掠山東州郡，楊虎、趙燧等
叛於河南，「縱橫數千里，殘破州縣以百數」[3]。社會敵對集團
間的矛盾，業已大大展開。而以往在潛滋暗長中的封建貴族
間的矛盾，又因寧王宸濠的叛變而公開決裂，宸濠集兵號十
萬，大破江南州郡。既有農民叛亂，又有封建內訌，於是武

---

1 《明史·宦官列傳·序》。

2 《明鑒》，第 311 — 312 頁。

3 《明鑒》，第 316 頁。

宗四顧左右，已沒有可以信賴的臣民了。於是重用近侍以偵視天下臣民的異動，就成為刻不容緩的事情。於是劉瑾就得以乘其間隙。「專擅威福，悉遣黨閹分鎮各邊」[1] 了。於是「丘聚、谷大用提督東、西廠，張永督十二團營兼神機營，魏彬督三千營，各據要地」[2] 了。於是「東廠、西廠緝事人四出，道路惶懼」了。於是東、西廠不足，「瑾復立內行廠」了。內行廠「尤酷烈，中人以微法，無得全者」。於是「錦衣獄，徽纏相屬」，「屢起大獄，冤號遍道路」了。於是「人覲出使官皆有厚獻」，邊將有例賂了。「又遣其黨丈邊塞屯地，誅求苛刻。邊軍不堪」[3]。由此看來，劉瑾之禍，難道是偶然的嗎？實際上正是明代封建政治腐敗的一個象徵！

四、萬曆年間的閹黨走出了宮廷

到嘉靖、萬曆年代，明代政權，更趨危殆，外則「倭寇」侵入朝鮮，「俺答」進犯寧夏、山西、陝西；內則「礦盜」遍

1　《明史・宦官列傳・劉瑾傳》。

2　《明史・武宗本紀》。

3　以上均見《明史・宦官列傳・劉瑾傳》。

於全國，民變起於武漢；加以西南少數民族不斷叛變，征伐不斷，苛斂無已。這正是所謂「將疲於邊，賊訌於內」的時候。而神宗皇帝，高居紫閣，安享尊榮，「崇尚道教，享祀弗紀，營建繁興，府藏告匱，百餘年富庶治平之業，因以漸替」[1] 了。

據《明史》:「萬曆二十年，寧夏用兵，費帑金二百餘萬。其冬，朝鮮用兵，首尾八年，費帑金七百餘萬。二十七年，播州用兵，又費帑金二三百萬。三大征踵接，國用大匱。而二十四年，乾清、坤寧兩宮災。二十五年，皇極、建極、中極三殿災。營建之資，計臣束手。」當此之時，明代政府首要之圖，就是如何搜刮民財，以支配對內對外的戰爭和大興土木，侈建齋醮之需，於是閹宦就因搜刮民膏民脂的任務，而分佈天下，以大逞其淫威。

據《明史》所載，當時除「礦監」外，「通都大邑皆有『稅監』，兩淮則有『鹽監』，廣東則有『珠監』，或專遣，或兼攝。大璫小監，縱橫繹騷，吸髓飲血，以供進奉。大率入公帑者不及什一，而天下蕭然，生靈塗炭矣。」

「礦監」如王忠、王虎、田進、曹金、劉忠、趙欽、張

---

1 《明史・神宗本紀》。

忠、魯坤、陳增、李敏、楊榮、高淮、潘相、高寀、陳奉等遍佈於河北、河南、山西、陝西、遼東、湖廣、雲南、浙江、福建諸省。此輩「假開採之名，乘傳橫索民財，陵轢州縣。有司恤民者，罪以阻撓，逮問罷黜。時中官多暴橫，而陳奉尤甚，富家巨族則誣以盜礦，良田美宅則指以為下有礦脈，率役圍捕，辱及婦女，甚至斷人手足投之江，其酷虐如此」。「礦頭以賠累死，平民以逼買死，礦夫以傾壓死，以爭鬥死。」[1]其結果又如此，而礦盜因以大起。

「稅監」如陳增之黨程守訓等，「自江南北至浙江，大作奸弊。稱奉密旨，禹出金寶，募人告密。誣大商巨室藏違禁物，所破滅什伯家，殺人莫敢問」[2]。而陳奉「兼領數使，恣行感虐。每託巡歷，鞭笞官吏，剽竊行旅，商民恨刺骨」。「其黨至直人民家，姦淫婦女，或掠入稅監署中，……以致士民公憤，萬餘人甘與奉同死。」此外如天津「稅監」馬堂，「兼轄臨清。始至，諸亡命從者數百人，白晝手銀鐺奪人產，抗者輒以違禁罪之。偵告主者，畀以十之三，中人之家破者大半，遠近為罷市，州民萬餘縱火焚堂署，斃其黨三十七人，皆黥臂諸

1　以上均見《明史・食貨志》。

2　《明史・宦官列傳・陳增傳》。

偷也。」[1]於是武昌、漢口、黃州、襄陽、寶慶、德安、湘潭以及山東民變因以蜂起。

明代礦賊與民變之起，又難道是偶然的麼？呂坤說得好：「今日之政，皆播亂機使之動，助亂人使之倡也。」[2]

不僅如此，「小人好權趨利者馳騖追逐」，「懷奸固寵之徒又從而羽翼之」，此輩結成吳、楚、浙三黨，甘為閹宦御用，專「與名節之士為仇讎，門戶紛然角立」[3]。當時有識之士，如顧憲成、錢一本、于孔兼、史孟麟、薛敷教等，皆以不附諸閹，而被黜逐。而「魏允貞、王國、余懋衡皆以卓犖魁偉之概，為眾望所歸。李三才英邁豪雋，傾動士大夫」[4]。然而都因名高望重，為閹宦所排斥。「馴至愍愍邪黨滋蔓……人主蓄疑，賢奸雜用，潰敗決裂，不可振救。故論者謂明之亡，實亡於神宗，豈不諒歟！」[5]然直到這時候，明代閹宦「左右」政權，則有之；「專制」政權則未也。

---

1 《明史·宦官列傳·陳奉傳》。

2 《明史·呂坤傳》。

3 《明史·神宗光宗本紀·贊》。

4 《明史·魏允貞等傳·贊》。

5 《明史·神宗本紀·贊》。

五、最後的碩果——魏忠賢進了聖廟

明代閹禍，到天啟年間，可謂登峰造極。以魏忠賢為首的閹宦，不只左右政權，而且專制政權了。魏忠賢也不過是一閹豎罷了，何以能造成中國有閹宦以來的空前的罪惡，這當然是當時社會有以助成的。

明至熹宗時代，暴動四起，天下已紊亂不堪。天啟元年，四川有永寧土司奢崇明之叛；二年貴州有水西安邦彥之叛；同年，山東爆發了以徐鴻儒、于弘志為首領的「白蓮教」暴動；六年、七年，陝西發生了大旱災，飢民暴動遍西北，這是內憂。在另一面，滿洲人於元年攻陷瀋陽；二年，攻陷西平堡；六年，大舉西渡遼河，進犯寧遠，關外盡失，邊警頻仍，這是外患。在此內憂外患之中，明代政權，已臨於瓦解的前夕。為了搶救封建政權，勢必加強專制，於是魏忠賢便「以司禮秉筆領東廠事」了。[1]

在熹宗看來，魏忠賢是他們最忠實的家奴，而信之不疑；在魏忠賢看來，熹宗卻是他威福天下的最好傀儡，故導之為

---

1 《明鑑》，第 550 頁。

「倡優聲伎，狗馬射獵」[1]，而將大權引渡於自身。當時士大夫都以為君主重用閹宦，閹宦挾制君主，不能集中人才，共赴國難，實是「荒政秕」的徵象，當時人民也以為閹黨與士大夫對立，國內黨派紛爭，不能團結一致，抵禦滿兵，實是亡國滅種的徵象。然而各人立在各人的利益上，終不能形成統一的意識，此明代之所以終於覆亡也。

為欲專制一切，魏忠賢首先「選武閹，煉火器，為內操」。武裝閹宦，弄兵大內，以奠定他的基礎。

其次，便遍樹黨羽，分佈朝野，倚為耳目，資為威虐。據《明史》：當時魏忠賢「有李朝欽 …… 等三十餘人為『左右擁護』。外廷文臣則崔呈秀 …… 主謀議，號『五虎』。武臣則田爾耕 …… 主殺僇，號『五彪』。又吏部尚書周應秋 …… 等號『十狗』。又有『十孩兒』，『四十孫』之號。而為（崔）呈秀輩門下者，又不可數計。自內閣六部至四方總督、巡撫，遍置死黨」。此輩所謂「左右擁護」「五虎」「五彪」「十狗」「十孩兒」「四十孫」，以及崔呈秀輩的「門下」，便「日以快私仇，行傾陷為事。投匭告密，日夜未已」。而「東廠番役橫行，所緝訪，無論虛實，輒糜爛」。從此天下人民，閉口結舌，「海

---

1 《明史·宦官列傳·魏忠賢傳》。

內皆屏息喪氣」。熹宗皇帝以為天下從此大定了，魏忠賢以為權位從此穩固了，然而那裏知道因此而人民的怨望日以深，天下之大難更難免了。

當時人民，因無所告訴，只能用暴動答覆虐政。而士大夫中有良心的，則深感國家的危殆，如楊漣、左光斗、高攀龍、李應升輩曾一再冒死向熹宗指陳危機，並要求熹宗罷黜閹宦，還政於朝，引用賢才，登庸志士，以共扶危局。然而熹宗卻為魏忠賢所蒙蔽，以為此輩士大夫皆有偏見，而率予罷斥。「削黜放逐，朝署一空。」[1] 這些士大夫既被放逐，就相與講學山林，自命清流，然而終以不能忘情於國家，間或進而評議朝政，指斥時弊。於是閹黨遂欲得而甘心，便給他們加上一個東林黨人的帽子。

屠殺異己，已成魏忠賢閹黨的迫切任務，然而就在封建專制政治之下，殺人也必須有罪狀。而東林黨人又實無可殺之罪，如說有罪那便是反對「禍國殃民」的閹黨。古語云：「欲加之罪，何患無辭。」於是偽造證據，誣構罪名，遂為明代閹黨所發明。據《明鑒》：「忠賢特恨東林諸人，數論其罪，實於三案。」三案者挺擊，紅丸，移宮也，這都是過去閹宦所造成

---

1 以上均見《明史・宦官列傳・魏忠賢傳》。

的逆案，有一於此，即可以夷三族，不僅死罪。拿這三案來加罪於東林諸人，則東林諸人無遺類矣。

　　然而群小還以為不足，「群小欲借忠賢力為報仇，凡異己者，概指為東林黨而去之。清流之禍，遂不可解」[1]。於是偽造的「點將錄」「同志錄」便應時出現了。據《明鑒》：「王紹徽編東林一百八人，係以宋時淮南盜宋江等諸名目，為《點將錄》……（崔）呈秀復進《同志錄》，皆東林黨人；又進《天鑒錄》，皆不附東林者，由是群小無不登用，善類為之一空。」[2]

　　為了打擊東林黨人，於是「尊孔崇儒」的明代政府，公然下令毀「東林、關中、江右、徽州及天下一切書院」，用剿滅東林的名義而剿滅文化，於是焚書坑儒之禍，再見於明代。自此以後，「天下書院」都一變而為「魏忠賢的生祠」，「至聖先師孔子」的神位換上了「閹宦的偶像」，中國文化史上的恥辱，豈有過於此者乎！

　　屠殺終於開始了，第一次被屠殺的士大夫，是楊漣、左光斗、魏大中、袁化中、周朝瑞、顧大章六人，時人稱為「六君子」。第二批被屠殺的是高攀龍、周順昌、周起元、繆昌期、

1　以上均見《明鑒》，第 558 頁。

2　《明鑒》，第 557 頁。

李應升、周宗建、黃尊素七人，時人稱之「七君子」。當七君子中的周順昌被逮時，「士民聞其被逮，憤怒號冤，開讀日，不期而集者數萬，咸執香為周吏部請命。……眾益憤曰：始吾以為天子命乃東廠魏太監耶？遂蜂擁上，勢如山崩，旗尉東西竄，眾縱橫毆擊，立斃一人，餘負重傷逾垣走」[1]。「遠近聞其死，莫不傷之。」[2] 由此，足見所謂「六君子」「七君子」者，實無可殺之罪，而卒罹禍變者，實閹宦政治之毒害也。

《明史》為之慨曰：「自古閹宦之甘心善類者，莫甚於漢、唐之季；然皆倉卒一時，為自救耳。魏忠賢之殺諸人也，揚毒焰以快其私，肆無忌憚。蓋主荒政秕之餘，公道淪亡，人心敗壞，兇氣參會，群邪翕謀，故縉紳之禍，烈於前古。」[3] 又曰：「國之將亡也，先自戕其善類，而水旱盜賊乘之。故禍亂之端，士君子恆先被其毒。異哉！明之所稱『三案』者，舉朝士大夫喋喋不去口，而元惡大憝因用以翦除善類，卒至楊、左諸人身填牢戶，與東漢季年若蹈一轍。國安得不亡乎！」[4] 吾人讀

1　《明鑒》，第 565-566 頁。

2　《明鑒》，第 565 頁。

3　《明史·周起元等傳·贊》。

4　《明史·楊漣等傳·贊》。

史家之言，不禁慨然於中國歷史上一再重複的事件何其多也。

自東林黨人被他殲滅後，魏忠賢聲勢更大，不僅專制朝政，而且誣殺邊將。當清兵犯關熊廷弼因攻守有方而被誣殺，毛文龍因通敵賣國而被重用。袁崇煥因有功而罷，王之臣因阿諫而進。其黨徒紀用隱身前線，暗通清軍，辱國求降，無所不為。又冒軍功，克軍餉，牽制軍機，致使國境日蹙。這都是魏忠賢的「功勛」，而熹宗還倚之如泰山，真算得是昏庸了。

當內外大權一手獨攬之後，於是子侄親戚皆列公侯。「今日蔭中書，明日蔭錦衣，金吾之堂，口皆乳臭，誥敕之館，目不識丁……濫襲恩蔭，褒越朝常。」[1] 本以為因閹割而滅絕人生的一切私慾，現在他的私慾反而遠遠超出於常人！

當清兵迫塞，流寇蔓延，而天下官僚所憚心竭慮的，不是謀如何救亡圖存，卻是建立魏忠賢的生祠。「浙江巡撫潘汝楨，疏請建忠賢生祠於西湖……自是諸方效尤，幾遍天下。……開封毀民舍二千餘間，創宮殿九楹，儀如帝者。巡撫朱童蒙建祠綏延，用琉璃瓦。劉詔建祠薊州，金像冕旒。」[2] 從此都城內外，祠宇相望。不建祠及入祠不拜者皆論死。「所

---

1 《明史·楊漣等傳·贊》，第 551 頁。

2 《明史·楊漣等傳·贊》，第 567 頁。

過士大夫遮道拜伏，至呼九千歲，忠賢顧盼未嘗及也。」[1]

不僅如此，「詔書褒美，閣臣皆擬九錫文」[2]，「疏辭揄，一如頌聖」，以至有稱為「堯天舜德，至聖至神」[3]者。真不知道當時官僚士大夫又用什麼話去尊奉皇帝！

還不僅如此，甚至有監生陸萬齡疏請以忠賢配孔子，忠賢父配啟聖公。其疏曰：「孔子作春秋，廠臣（當時不敢稱魏忠賢之名而稱廠臣）作要典（《三朝要典》，即所以誣殺東林黨人者）；孔子誅少正卯，廠臣誅東林黨人，禮宜並尊。」[4]疏上，而熹宗竟予批准。於是「毀天下書院」者又「配祀孔子」矣，於是「皇帝的家奴」就在春秋祀孔的時候，接受其主人的九拜九稽首了。嗚呼，盛矣！魏忠賢的禍亂，誠足以垂戒於萬世！

魏忠賢以一閹宦，乘封建政治的腐敗，盜竊政權，卒至專制一切，淫刑痛毒，誣殺陷害，使「衣冠填於猭犴，善類殄於刀鋸」者，則無恥之輩，竄身婦寺，有以助長之也。《明史》為之慨曰：「明代閹宦之禍酷矣，然非諸黨人附麗之，羽翼

1　《明史・宦官列傳・魏忠賢傳》。

2　《明鑒》，第 569 頁。

3　《明鑒》，第 567—568 頁。

4　《明鑒》，第 572 頁。

之，張其勢而助之攻，虐焰不若是其烈也。」[1]「莊烈帝之定逆案也……因慨然太息曰：『忠賢不過一人耳，外廷諸臣附之，遂至於此，其罪何可勝誅。』痛乎哉！患得患失之鄙夫，其流毒誠無所窮極也。」[2]

六、閹黨投降了流寇，崇禎上了煤山

及至崇禎年代，則明代封建政權，已臨於總崩潰之時，飢民，變兵，驛卒，礦盜，已匯成明末農民大暴動，以陝西為中心，而擴展到了全國。有府谷的王嘉允，宜川的王左掛、飛山虎、大紅狼，安塞的高迎祥，米脂的李自成，漢南的王大樑、王子順，延安的張獻忠、老徊徊，藍田的劉宗敏，這些人物都以農民暴動的指導者而出現。同時滿清則已建國東北，連年入寇，遼東諸郡早已淪陷，而大河以北也迭遭蹂躪。莊烈帝受命於危難之際，頗有安內攘外之志。鑒於魏忠賢的禍敗，曾在即位之初「盡撤方鎮守中官，委任大臣」[3]，也曾「臨朝浩歎，慨

---

1 《明史・閹黨列傳・序》。

2 《明史・閹黨列傳・序》。

3 《明紀・莊烈紀》。

然思得非常之材」，然而終因「用非其人，益以債事」[1]。如「周延儒、溫體仁懷私植黨，誤國覆邦」[2]。而明達之士如劉宗周、黃道周等「所指陳，深中時弊。其論才守，別忠佞，足為萬世龜鑑。而聽者迂而遠之」[3]。然庸碌奸佞之徒，不顧國家存亡，只知自私自利，卒至「兵敗餉絀，不能贊一策」。於是莊烈帝「乃思復用中官」[4]。明知故犯，遂至潰爛而不可救。假使當時不用閹宦奸臣，而能集中天下有志之士，減輕人民負擔，以救亡禦侮之大義號召天下，招撫流賊而共抗滿清，則明朝未必就滅亡。然而不作這種打算，卻仍任用閹宦監軍、典鎮、入閣理財，以至人心瓦解，卒底覆亡，豈不可歎。

據《明紀》：「（崇禎四年九月），遣王應朝監軍關、寧，……又命王坤監餉宣府，劉文忠監餉大同，劉允中監餉出西，以（張）彝憲有心計，故令鉤校（戶、工二部）出人，……為建專署名曰戶工總理。其權視外總督、內團營提督。」[5]

---

1 《明紀‧莊烈紀》。

2 《明史‧奸臣列傳‧序》。

3 《明史‧劉宗周黃道周傳‧贊》。

4 《明紀‧莊烈紀》。

5 《明紀‧莊烈紀》。

崇禎九年，又「命（張）彝憲守備南京，尋死。然帝卒用高起潛輩典兵監鎮，馴至開關延賊，遂底滅亡」。

又據《明史》：「時流賊大熾，命太監陳大金、閻思印、謝文舉、孫茂霖等為內中軍，分入大帥曹文詔、左良玉、張應昌諸營，名曰監軍。在邊鎮者，悉名監視。」

其結果「諸監多侵克軍資，臨敵輒擁精兵先遁，諸將亦恥為之下，緣是皆無功」。

直至明代最後的一年（崇禎十七年），「李自成將犯關，帝復命起潛監寧、前諸軍，而以杜勛鎮宣府。勛至鎮即降賊」[1]。

直到明代最後的一瞬，閹宦仍演着重要的任務。開居庸關以揖「賊」者閹宦（杜勛）也，導李自成焚十二陵者閹宦（杜勛）也，縋城出入，逼降莊烈帝者閹宦（杜勛）也，而縋之以入縋之以出者閹宦（曹化淳）也。用「吾曹富貴固在也」的理由誘降守城兵士者閹宦（杜勛）也，而開彰儀門以迎賊入城者，亦閹宦（曹化淳）也。雖然，最後殉莊烈帝以死國者亦閹宦（王承恩）也[2]。閹宦之於明代政權，真可算是「相與始終」了。

---

1 《明史·宦官列傳·高啟潛傳》。

2 《明紀·莊烈紀》。

　　明代君主專任閹宦，本來是為了搶救封建政權於危殆，在明代任何政治機構中幾乎無不以閹宦為監，如市監、礦監、稅監、鹽監、珠監，乃至軍監、民監（東西廠）等，盛極一時。然而以之監市則倭寇入，以之監礦則礦盜起，以之監稅則民變作，以之監鹽監珠則國庫空，以之監軍則民變多，以之監民則流寇愈熾。此外，以之禦清則通敵，以之典鎮則降賊，卒至無所不監而亦無所不亂，不但不能搶救封建政權於危殆，反而加深了封建政權的腐敗，並加速其崩潰。明代之亡，雖然原因甚多，閹宦專政，誠不能不算是一個重要的原因。可勝慨歟！

（原載重慶《讀書月報》第二卷第七期，1940 年 10 月 1 日）

論中國史上的正統主義

在中國的歷史學上，自古以來，就流行着一種正統主義的觀念。所謂正統主義，即在中國史上的任何時代，都要指定一個統治集團，作為合法的政府，以之承繼正統，而以與這個合法政府同時並世之其他的政治集團為非法的僭偽政府。幾千年來，一直到現在，中國的史學家，還在曉曉於正偽之辯。而且這種正統主義的觀念，今天仍然在現實的政治生活中發生它的作用。

其實所謂正統主義，完全是封建統治者用以辯護其「家天下」之合法的說教；而其出發點，則是「皇帝至上」的思想。因為封建時代的歷史家，以為歷史就是聖帝明王的承續，因而天下「不可一日而無君」。一日無君，即認為是歷史的中斷。所以在任何時代，都要找一個皇帝，繫之以正統。這個正統的皇帝，最好是聖帝明王；但是如果當時沒有這樣理想皇帝，則不管是流氓，是地痞，是大盜，是狗偷，甚至是他們鄙為夷狄的異族，只要他取得了對中國的統治權，他就被尊為神聖，被

當作正統。

　　例如劉邦未做皇帝以前，本是一個「貪於財貨，好美姬」[1]的流氓，又曾隱於芒碭山為「盜」，他的身份可以說是流氓而兼「強盜」。但《漢書‧高帝紀》謂其一入咸陽，便搖身一變而為「珍物無所取，婦女無所幸」的聖人。朱溫在《唐書》上曾被指為盜賊，而在《五代史》上遂被尊為神聖。燕王棣在同一《明史》上，以前指為叛逆，以後又奉為神聖。李存勖、石敬瑭、劉知遠，都是沙陀的苗裔，而漢族的歷史家竟奉為五代之正統。遼、金、元、清諸代的統治者，或為契丹，或為女真，或為蒙古，而漢族的歷史家，亦稱之為祖為宗。像這樣今日流氓，明日皇帝；今日盜賊，明日神聖；今日寇讎，明日祖、宗的正統主義，充滿了中國史乘，舉不勝舉。

　　封建時代的歷史家，一方面抱着天下不可一日而無君的思想，但同時又認為天無二日，人無二王，即認為在同一時代，不能有一個以上的皇帝。因而如果有了兩個或兩個以上的皇帝時，他們便從中選擇一個，尊之為神聖，奉之為正統，而以其餘為僭偽。例如在三國時，有三個神聖，所以歷史家或以魏為正統，或以蜀為正統。南北朝時，南方有一群神聖，北方也有

1　《史記‧項羽本紀》

一群神聖，所以南方的歷史家指北方的神聖為索虜，北方的歷史家說南方的神聖是島夷。五代十國時，中國出現了一大批的神聖，於是歷史家便擇定梁、唐、晉、漢、周為正統。像這樣任意正偽的正統主義，正如司馬光所云：「宋魏以降，各有國史，互相排黜，南謂北為索虜，北謂南為島夷。朱氏代唐，四方幅裂，朱邪入汴，比之窮新，運歷年代，棄而又數，此皆私己之偏辭，非大公之通論也。」

神聖一經確定，則為不可侵犯之象徵。如果再有人反對這個神聖，不管反對得有無理由，都一律被指為盜，為賊，為匪，為叛，為逆。

實則神聖與盜賊相去無幾。陳涉、吳廣之於劉邦，新市、平林之於劉秀，竇建德、劉黑闥之於李世民，張士誠、陳友諒之於朱元璋，李自成、張獻忠之於清順治，其間相差，實間不容髮。然而即因成敗不同，而遂或為神聖，或為盜賊，由此而知神聖與盜賊之分，不在其人之性格，而在其成敗。正確的說來，只有從神聖中才能找到真盜賊，從「盜賊」中才能找到真神聖。黃黎洲之言曰：

　　自秦以來，凡為帝王者皆賊也。⋯⋯今也有負數疋布或擔數斗粟而行於塗者，或殺之而有其布

粟，是賊乎？非賊乎？……殺一人而取其疋布斗
粟猶謂之賊，殺天下之人而盡有其布粟之富乃反不
謂之賊乎？三代以後有天下之善者莫如漢，然高帝
屠城陽，屠穎陽，光武屠城三百，……古之王者，
有不得已而殺者二，有罪不得不殺，臨戰不得不
殺，……非是奚以殺為？若過里而挖其里，過市
而竄其市，入城而屠其城，此何為者？大將……
偏將……卒伍……殺人，非大將、偏將、卒伍殺
之，天子實殺之；官吏殺之，非官吏殺之，天子實
殺之；殺人者眾手，天子實為之大手……百姓死於
兵與因兵而死者十五六，暴骨未收，哭聲未絕，於
是乃服衰冕，乘法駕，坐前殿，受相賀。高官室，
廣苑囿，以貴其妻室妾，以肥共子孫，彼誠何心而
忍享之，若上帝使我治殺人之獄，我則有以處之
矣……

如黃黎洲所云，則自秦以來的所謂神聖，都是一些殺人
犯，而中國的歷史家卻以殺人犯之世代相承為正統，以反對殺
人犯者為盜賊，豈不是非倒置！所以黃氏又說：「然則為天下
之大害者君而已矣，……而小儒規規焉以君臣之義，無所逃

於天地之間。至桀紂之暴，猶以湯武不當誅之……豈天下之大，於兆民萬姓之中，獨私一人一姓乎！」

正統論者，一般方面，是「皇帝至上」的歷史觀之演繹；在特殊方面，他們又是歷史地辯護現存統治者的合法。例如以三國而論，陳壽以魏為正統，而習鑿齒則以蜀為正統；以後司馬光又以魏為正統，朱熹復以蜀為正統。這樣不同的主張，並不是根據客觀的實事，而是歷史家要主觀地辯護其當時的政權。關於這一點，梁任公說得很正確，他說：

陳壽主魏，主都邑也。壽生西晉，西晉據舊都，而上有所受。苟不主都邑，則晉為僭矣。故壽之正魏，凡以正晉也。習鑿齒主蜀者，主血胤也。鑿齒生東晉，晉已南渡，苟不主血胤，而仍沿都邑，則劉、石、符、姚正，而晉為僭矣。故鑿齒之正蜀，凡亦以正晉也。其後溫公主魏，而朱子主蜀，溫公北宋，而朱子南宋也。宋之篡周宅汴與晉之篡魏宅許者同源，溫公之主都邑說也，正魏也，凡以正宋也。南渡之宋，與江東之晉同病，朱子之主血胤說也，正蜀也，凡亦以正宋也。蓋未有非為時君計也者。

　　又如五代十國而選擇梁、唐、晉、漢、周為正統，這也是宋人為自己的政權辯護。因為宋代的政權篡自後周，為了正宋，不能不正周。為了正周，於是又不能不正梁、唐、晉、漢。所以宋人正梁、唐、晉、漢、周，也是為了辯護宋代政權是歷史的正統。

　　清以少數民族入主中原，和遼、金、元的情形類似。所以順治二年，議歷代帝王祀典，禮部上奏，主張把遼、金諸帝送上祭壇，幾乎要以遼、金為正統而以宋為僭偽。清人之正遼、金，也是為了辯護自己政權的合法。

　　這樣看來，所謂正統主義，就是以「皇帝至上」「封建世襲」為原則辯護現存的政權之合法性的工具。誠如梁任公云：「若以此而為史，安得不率天下而禽獸也？而陋儒猶囂囂然曰：『此天之經也，地之義也，人之倫也，國之本也，民之防也。』吾不得不深惡痛絕，夫陋儒之毒天下也，如是其甚矣！」

　　（原載重慶《民主星期刊》第十九期，1946 年 2 月 20 日）

翦伯贊說史

翦伯贊　著

責任編輯　黃嗣朝
裝幀設計　譚一清
排　　版　黎　浪
印　　務　劉漢舉

出版　　中華書局（香港）有限公司
　　　　香港北角英皇道 499 號北角工業大廈一樓 B
　　　　電話：（852）2137 2338　　傳真：（852）2713 8202
　　　　電子郵件：info@chunghwabook.com.hk
　　　　網址：http://www.chunghwabook.com.hk

發行　　香港聯合書刊物流有限公司
　　　　香港新界荃灣德士古道 220-248 號
　　　　荃灣工業中心 16 樓
　　　　電話：（852）2150 2100　　傳真：（852）2407 3062
　　　　電子郵件：info@suplogistics.com.hk

印刷　　美雅印刷製本有限公司
　　　　香港觀塘榮業街 6 號 海濱工業大廈 4 樓 A 室

版次　　2023 年 5 月初版
　　　　© 2023 中華書局（香港）有限公司

規格　　32 開（195mm×140mm）

ISBN　　978-988-8809-84-4